Sztuka Gotowania Powolnego

Smaki, Które Pomagają Wszystkim Cieszyć się Długotrwałym Smakowaniem

Hanna Wójcik

Spis treści

Sałatka jajeczna

Czas przygotowania: 30 minut

Porcje 4

Wartości odżywcze w porcji: 342 kalorie; 29,2 g tłuszczu; 3,2 g węglowodanów ogółem; 12,7 g białka; 1,6 g cukru

Składniki

- 6 jaj
- 1/2 funta zielonej fasolki, posiekanej
- 1 szklanka wody
- 3 plasterki prosciutto, posiekane
- 1/2 szklanki zielonej cebuli, posiekanej
- 1 marchewka, posiekana
- 1/2 szklanki majonezu
- 1 łyżka octu jabłkowego
- 1 łyżeczka żółtej musztardy
- 4 łyżki pokruszonego sera gorgonzola

Wskazania

1. Wlej wodę do Instant Pot; dodaj koszyk do gotowania na parze na dole. Umieść jajka w koszyku do gotowania na parze.

2. Zamocuj pokrywę. Wybierz tryb „Ręczny" i Wysokie ciśnienie; gotować przez 5 minut. Po zakończeniu

przygotowania użyj naturalnego środka
zmniejszającego ciśnienie; ostrożnie zdejmij nasadkę.

3. Pozostaw jajka do ostygnięcia na 15 minut. Jajka obierz
   i pokrój w plasterki.

4. Następnie dodaj zieloną fasolkę i 1 szklankę wody do
   Instant Pot.

5. Zamocuj pokrywę. Wybierz tryb „Ręczny" i niskie
   ciśnienie; gotować przez 5 minut. Po zakończeniu
   gotowania użyj szybkiego zwolnienia ciśnienia;
   ostrożnie zdejmij nasadkę.

6. Przenieś zieloną fasolkę do salaterki. Dodaj prosciutto,
   zieloną cebulę, marchewkę, majonez, ocet i musztardę.
   Posyp serem gorgonzola i pokrojonymi jajkami. Cieszyć
   się!

Zupa Serowa Babci

Czas przygotowania: 25 minut

Porcje 4

Wartości odżywcze w porcji: 530 kalorii; 37,6 g tłuszczu; 4,2 g węglowodanów ogółem; 43,1 g białka; 1,9 g cukru

Składniki

- 2 łyżki masła, roztopionego
- 1/2 szklanki posiekanych porów
- 2 piersi z kurczaka, oczyszczone i pokrojone na kawałki wielkości kęsa
- 1 marchewka, posiekana
- 1 seler, posiekany
- 1/2 łyżeczki granulowanego czosnku
- 1 łyżeczka bazylii
- 1/2 łyżeczki oregano
- 1/2 łyżeczki ziela koperku
- 4 ½ szklanki bulionu warzywnego
- 3 gramy ciężkiej śmietanki
- 3/4 szklanki startego sera Cheddar

- 1 pęczek świeżej pietruszki, grubo posiekanej

1. Naciśnij przycisk „Sauté", aby podgrzać garnek błyskawiczny. Teraz rozpuść masło i gotuj pory, aż będą miękkie i pachnące.
2. Dodać kurczaka, marchewkę, seler, czosnek, bazylię, oregano, koper i bulion.
3. Zamocuj pokrywę. Wybierz tryb „Ręczny" i Wysokie ciśnienie; gotować przez 17 minut. Po zakończeniu przygotowania użyj naturalnego środka zmniejszającego ciśnienie; ostrożnie zdejmij nasadkę.
4. Dodać śmietanę i ser, wymieszać i jeszcze raz nacisnąć przycisk „Sauté". Teraz gotuj zupę przez kolejne kilka minut lub do momentu, aż się rozgrzeje.
5. Podawać w osobnych miseczkach, udekorowane świeżą natką pietruszki. Smacznego!

Pikantne jajka z serem

Czas przygotowania: 25 minut

Porcje 4

Wartości odżywcze w porcji: 264 kalorie; 21,1 g tłuszczu; 6 g węglowodanów ogółem; 11,7 g białka; 3,8 g cukru

Składniki

- 6 jaj
- 1 łyżeczka oleju rzepakowego
- 1 cebula, posiekana
- 2 papryki, czyste i posiekane
- Doprawiona solą i świeżo zmielonym czarnym pieprzem do smaku
- 1/4 szklanki majonezu
- 1 łyżeczka musztardy
- 1 łyżka świeżego soku z cytryny
- 4 łyżki startego sera Colby
- 1 łyżka wędzonej węgierskiej czerwonej papryki

Wskazania

1. Wlej wodę do Instant Pot; dodaj koszyk do gotowania na parze na dole.
2. Umieść jajka w koszyku do gotowania na parze, jeśli go posiadasz.

3. Zamocuj pokrywę. Wybierz tryb „Ręczny" i Wysokie ciśnienie; gotować przez 5 minut. Po zakończeniu przygotowania użyj naturalnego środka zmniejszającego ciśnienie; ostrożnie zdejmij nasadkę.

4. Pozostaw jajka do ostygnięcia na 15 minut. Obierz jajka i oddziel białka od żółtek.

5. Naciśnij przycisk „Sauté", aby podgrzać garnek błyskawiczny; Podgrzej olej. Teraz podsmaż cebulę wraz z czerwoną papryką, aż będą miękkie. Doprawić solą i pieprzem.

6. Do mieszanki pieprzowej dodaj zarezerwowane żółtka. Wymieszaj majonez, musztardę i sok z cytryny. Teraz napełnij białka jaj tą mieszanką.

7. Posyp pokruszonym serem Colby i połóż jajka sadzone na talerzu. Następnie posyp jajka węgierską papryką i podawaj.

Smaczny krem jajeczny

Czas przygotowania: 15 minut

Porcje 3

Wartości odżywcze w porcji: 234 kalorie; 16,8 g tłuszczu; 3,6 g węglowodanów ogółem; 16,4 g białka; 1,8 g cukru

Składniki

- 3 jajka, dobrze ubite
- 1 dl bulionu, najlepiej domowego
- Koszerna sól i biały pieprz do smaku
- 1 łyżka sosu tamari
- 1/2 łyżki sosu ostrygowego

- 1/2 szklanki startego sera Comté

1. Do miski włóż ubite jajka. Dodawaj stopniowo bulion, nie przerywając ubijania.

2. Doprawić do smaku papierem i solą. Następnie przelej tę mieszaninę przez sitko. Dodaj sos tamari i sos ostrygowy.

3. Wlać mieszaninę do trzech naczyń żaroodpornych. Teraz przykryj kokilki kawałkiem folii aluminiowej. Umieść kokilki na metalowej podstawie.

4. Zamocuj pokrywę. Wybierz tryb „Ręczny" i niskie ciśnienie; gotować przez 7 minut. Po zakończeniu przygotowania użyj naturalnego środka zmniejszającego ciśnienie; ostrożnie zdejmij nasadkę.

5. Posyp serem i natychmiast podawaj. Smacznego!

Muffinki jajeczne w stylu indyjskim

Czas przygotowania: 10 minut

Porcje 5

Wartości odżywcze w porcji: 202 kalorie; 13,7 g tłuszczu; 4,7 g węglowodanów ogółem; 15,4 g białka; 2,6 g cukru

Składniki

- 5 jaj
- Doprawiona solą i mielonym czarnym pieprzem do smaku
- 2 zielone chilli, posiekane
- 5 łyżek sera feta, pokruszonego
- 1/2 łyżki proszku Chaat masala

- 1 łyżka świeżej kolendry, drobno posiekanej

Wskazania

1. Zacznij od dodania 1 szklanki wody i koszyka do gotowania na parze do Instant Pot.
2. Wymieszaj wszystkie składniki razem; Następnie wlej mieszaninę jajek i sera do silikonowych foremek na muffinki.
3. Następnie opuść foremki na muffiny do koszyka do gotowania na parze.
4. Zamocuj pokrywę. Wybierz tryb „Ręczny" i Wysokie ciśnienie; gotować przez 7 minut. Po zakończeniu

gotowania użyj szybkiego zwolnienia ciśnienia;
ostrożnie zdejmij nasadkę.

5. Pozwól muffinom odpocząć przez kilka minut, zanim
   wyjmiesz je z miseczek; podawać na gorąco
   Smacznego!

„Kanapka" z czerwonej papryki i jajka.

Czas przygotowania: 10 minut

Porcje 2

Wartości odżywcze w porcji: 320 kalorii; 25,5 g tłuszczu; 5,1 g węglowodanów ogółem; 15,7 g białka; 3,3 g cukru

Składniki

- 2 łyżeczki masła
- 5 jaj
- 4 łyżki śmietanki
- Sól doprawiona do smaku
- 1/3 łyżeczki płatków czerwonej papryki, zmiażdżonych
- 2 papryki
- 1/2 pomidora, pokrojonego w plasterki
- 1/2 ogórka, pokrojonego w plasterki

1. Naciśnij przycisk „Sauté", aby podgrzać garnek błyskawiczny. Podgrzej teraz masło.
2. Dobrze wymieszaj jajka, śmietanę, sól i paprykę. Mieszaj drewnianą łyżką, aż jajka będą miękkie.
3. Teraz odetnij górę i dół każdej papryki; usuń nasiona i żyły. Następnie przekrój każdą paprykę na pół.
4. Pomiędzy obie strony umieść jajecznicę, pomidora i ogórka. Podawaj i ciesz się!

Piece do sera, kiełbasy i warzyw

Czas przygotowania: 25 minut

Porcje 4

Wartości odżywcze w porcji: 344 kalorie; 27,4 g tłuszczu; 3 g węglowodanów ogółem; 20,3 g białka; 1,3 g cukru

Składniki

- 8 plastrów kiełbasy wieprzowej, posiekanej
- 1 ½ szklanki grzybów, pokrojonych w plasterki
- 1 ząbek czosnku, drobno posiekany
- 1 szklanka liści jarmużu, pokrojonych na kawałki
- 7 jaj
- 1/3 szklanki mleka
- 1 szklanka startego sera manchego
- Sól morska i świeżo zmielony czarny pieprz do smaku

Wskazania

1. Naciśnij przycisk „Sauté", aby podgrzać garnek błyskawiczny. Teraz ugotuj kiełbasę, aż przestanie być różowa.

2. Następnie dodaj grzyby i czosnek; kontynuuj gotowanie, aż zacznie pachnieć; wyłącz Instant Pot; dodać kapustę i pozostawić na 5 minut.

3. Wytrzyj Instant Pot wilgotną szmatką. Dodaj 1 szklankę wody i ruszt. Spryskaj naczynie do pieczenia pasujące do garnka Instant Pot.

4. W misce dobrze wymieszaj jajka, mleko, ser, sól i czarny pieprz; do miski dodać mieszankę kiełbasowo-warzywną.

5. Wlać mieszaninę do naczynia do pieczenia. Opuść misę z piekarnika na ruszt.

6. Zamocuj pokrywę. Wybierz tryb „Ręczny" i Wysokie ciśnienie; gotować 15 minut. Po zakończeniu gotowania użyj szybkiego zwolnienia ciśnienia; ostrożnie zdejmij nasadkę. Cieszyć się!

Muffinki z awokado, kozim serem i jajkiem

Czas przygotowania: 15 minut

Porcje 6

Wartości odżywcze w porcji: 227 kalorii; 17,5 g tłuszczu; 4,3 g węglowodanów ogółem; 13,6 g białka; 1,3 g cukru

Składniki

- 6 całych jaj

- Przyprawiona sól i świeżo zmielony czarny pieprz

- 1/2 łyżeczki pieprzu cayenne

- 1/2 łyżeczki suszonego ziela koperku

- 2 łyżki posiekanej świeżej pietruszki

- 1 duże awokado, obrane, wypestkowane i posiekane

- 1/2 szklanki posiekanych pomidorów

- 5 gramów sera koziego, pokruszonego

1. Zacznij od dodania 1 szklanki wody i koszyka do gotowania na parze do Instant Pot.
2. Wymieszaj wszystkie składniki razem; Następnie wlać mieszaninę do silikonowych foremek na muffinki.
3. Następnie opuść foremki na muffiny do koszyka do gotowania na parze.
4. Zamocuj pokrywę. Wybierz tryb „Ręczny" i Wysokie ciśnienie; gotować przez 7 minut. Po zakończeniu gotowania użyj szybkiego zwolnienia ciśnienia; ostrożnie zdejmij nasadkę.
5. Pozwól muffinom odpocząć przez 5 do 7 minut, zanim wyjmiesz je z miseczek; podawać na gorąco Smacznego!

Łódki z awokado - pikantne i sycące

Czas przygotowania: 10 minut

Porcje 2

Wartości odżywcze w porcji: 281 kalorii; 23,6 g tłuszczu; 6 g węglowodanów ogółem; 10,1 g białka; 0,8 g cukru

Składniki

- 2 awokado, wypestkowane i przekrojone na pół
- 4 jajka
- Sól i pieprz do smaku
- 4 łyżki świeżo startego sera Cheddar
- 1 łyżeczka sosu Sriracha

1. Zacznij od dodania 1 szklanki wody i koszyka do gotowania na parze do Instant Pot.
2. Kosz do gotowania na parze wyłóż kawałkiem folii aluminiowej.
3. Usuń część miąższu z awokado i zachowaj go do innego użytku (możesz na przykład zrobić guacamole. Połówki awokado włóż do koszyka do gotowania na parze).
4. Dodaj jajko do każdego zagłębienia awokado. Posypać solą i pieprzem. Posyp serem i polej sosem Sriracha.
5. Zamocuj pokrywę. Wybierz tryb „Ręczny" i Wysokie ciśnienie; gotować 3 minuty. Po zakończeniu przygotowania użyj naturalnego środka zmniejszającego ciśnienie; ostrożnie zdejmij nasadkę. Podawaj na ciepło i ciesz się smakiem!

DIP piwno-serowy

Czas przygotowania: 10 minut

Porcje 10

Wartości odżywcze w porcji: 220 kalorii; 14,9 g tłuszczu; 2,9 g węglowodanów ogółem; 18,1 g białka; 1,7 g cukru

Składniki

- 16 gramów twarogu, miękkiego
- 5 gramów sera koziego, miękkiego
- 1/2 łyżeczki czosnku w proszku
- 1 łyżeczka musztardy mielonej na kamieniu
- 1/2 dl bulionu z kurczaka, najlepiej domowego
- 1/2 szklanki piwa jasnego
- 6 gramów boczku, posiekanego
- 1 szklanka startego sera Monterey-Jack
- 2 łyżki świeżego szczypiorku, grubo posiekanego

1. Do garnka Instant Pot dodaj twarożek, ser kozi, proszek czosnkowy, musztardę, bulion z kurczaka, piwo i pancettę.

2. Zamocuj pokrywę. Wybierz tryb „Ręczny" i Wysokie ciśnienie; gotować przez 4 minuty. Po zakończeniu gotowania użyj szybkiego zwolnienia ciśnienia; ostrożnie zdejmij nasadkę.

3. Naciśnij przycisk „Sauté", aby podgrzać garnek błyskawiczny. Dodaj ser Monterey-Jack i mieszaj, aż się rozgrzeje.

4. Posypać posiekanym świeżym szczypiorkiem i podawać. Smacznego!

Zdrowe wrapy śniadaniowe

Czas przygotowania: 10 minut

Porcje 4

Wartości odżywcze w porcji: 202 kalorie; 13,7 g tłuszczu; 4,7 g węglowodanów ogółem; 15,4 g białka; 2,6 g cukru

Składniki

- 4 jajka, ubite
- 1/3 szklanki podwójnej śmietanki
- 2 gramy sera mozzarella, pokruszonego
- 1/3 łyżeczki płatków czerwonej papryki, zmiażdżonych
- Sól dla smaku
- 8 liści sałaty liściastej

Wskazania

1. Zacznij od dodania 1 szklanki wody i metalowego stojaka do Instant Pot. Spryskaj naczynie do pieczenia sprayem zapobiegającym przywieraniu.

2. Następnie dobrze wymieszaj jajka, śmietanę, ser, czerwoną paprykę i sól. Wlać tę mieszaninę do naczynia do pieczenia.

3. Zamocuj pokrywę. Wybierz tryb „Ręczny" i Wysokie ciśnienie; gotować 3 minuty. Po zakończeniu przygotowania użyj naturalnego środka zmniejszającego ciśnienie; ostrożnie zdejmij nasadkę.

4. Rozłóż masę jajeczną pomiędzy liśćmi sałaty, owiń każdy liść i natychmiast podawaj. Smacznego!

Keto serowa pizza

Czas przygotowania: 20 minut

Porcje 6

Wartości odżywcze w porcji: 334 kalorie; 25,1 g tłuszczu; 5,9 g węglowodanów ogółem; 20,5 g białka; 2,8 g cukru

Składniki

- 1 łyżka oliwy z oliwek
- 1 duży pomidor, posiekany
- 6 gramów pepperoni
- 1 żółta cebula, posiekana
- 2 papryki, posiekane
- 1 szklanka sera mozzarella, pokrojona w plasterki
- 1/2 szklanki sera provolone, pokrojonego w plasterki
- 3 jajka, ubite
- 1/2 łyżeczki suszonej bazylii
- 1/2 łyżeczki suszonego oregano
- 1/2 łyżeczki suszonego rozmarynu
- 1/2 szklanki oliwek Kalamata, pozbawionych pestek i przeciętych na pół

1. Posmaruj spód i boki garnka Instant Pot oliwą z oliwek. Na spód połóż 1/2 pokrojonego pomidora.

2. Następnie przygotuj 3 uncje papryki, 1/2 żółtej cebuli, 1 paprykę, 1/2 szklanki sera mozzarella i 1/4 szklanki sera provolone.

3. Kontynuuj układanie warstw, aż skończą się składniki. Wlać ubite jajka. Następnie posypujemy przyprawami i oliwkami.

4. Zamocuj pokrywę. Wybierz tryb „Ręczny" i Wysokie ciśnienie; gotować 15 minut. Po zakończeniu przygotowania użyj naturalnego środka zmniejszającego ciśnienie; ostrożnie zdejmij nasadkę. Podawać na gorąco.

Jajka Havanero z pieprzem

Czas przygotowania: 25 minut

Porcje 4

Wartości odżywcze w porcji: 338 kalorii; 25,7 g tłuszczu; 5,8 g węglowodanów ogółem; 19,8 g białka; 2,8 g cukru

Składniki

- 8 jaj
- 2 łyżeczki pieprzu havanero, drobno posiekanego
- 1 łyżeczka nasion kminku
- 1/4 szklanki kwaśnej śmietany
- 1/4 szklanki majonezu
- 1 łyżeczka musztardy mielonej na kamieniu
- 1/2 łyżeczki pieprzu cayenne
- Sól morska i świeżo zmielony czarny pieprz do smaku

1. **Wskazania**
2. Wlej 1 szklankę wody do Instant Pot; dodaj koszyk do gotowania na parze na dole.
3. Umieść jajka w koszyku do gotowania na parze.
4. Zamocuj pokrywę. Wybierz tryb „Ręczny" i Wysokie ciśnienie; gotować przez 5 minut. Po zakończeniu przygotowania użyj naturalnego środka zmniejszającego ciśnienie; ostrożnie zdejmij nasadkę.

5. Pozostaw jajka do ostygnięcia na 15 minut. Obierz jajka i oddziel białka od żółtek.

6. Naciśnij przycisk „Sauté", aby podgrzać garnek błyskawiczny; Podgrzej olej. Teraz podsmaż paprykę habanero i kminek, aż zaczną wydzielać aromat.

7. Do mieszanki pieprzowej dodaj zarezerwowane żółtka. Wymieszaj śmietanę, majonez, musztardę, pieprz cayenne, sól i czarny pieprz. Teraz napełnij białka jaj tą mieszanką. Smacznego!

Sałatka jajeczna z dressingiem z nasion gorczycy

Czas przygotowania: 25 minut

Porcje 4

Wartości odżywcze w porcji: 340 kalorii; 27,5 g tłuszczu; 5,1 g węglowodanów ogółem; 16,4 g białka; 1,9 g cukru

Składniki

- 5 jajek średniej wielkości
- 1/2 funta liści jarmużu, pokrojonych na kawałki
- 1/2 szklanki rzodkiewek, pokrojonych w plasterki
- 1 biała cebula, pokrojona w cienkie plasterki
- 2 łyżki octu szampańskiego
- 1/2 łyżki maku
- Sól morska i biały pieprz do smaku
- 1/2 łyżeczki pieprzu cayenne
- 1 łyżeczka żółtej musztardy
- 1/4 szklanki oliwy z oliwek z pierwszego tłoczenia
- 3 gramy sera koziego, pokruszonego

1. Wlej 1 szklankę wody do Instant Pot; dodaj koszyk do gotowania na parze na dole.
2. Umieść jajka w koszyku do gotowania na parze.
3. Zamocuj pokrywę. Wybierz tryb „Ręczny" i Wysokie ciśnienie; gotować przez 5 minut. Po zakończeniu przygotowania użyj naturalnego środka zmniejszającego ciśnienie; ostrożnie zdejmij nasadkę.
4. Pozostaw jajka do ostygnięcia na 15 minut. Następnie włóż je do lodówki i odstaw.
5. Następnie włóż jarmuż do koszyka do gotowania na parze.
6. Zamocuj pokrywę. Wybierz tryb „Ręczny" i Wysokie ciśnienie; gotować przez 1 minutę. Po zakończeniu gotowania użyj szybkiego zwolnienia ciśnienia; ostrożnie zdejmij nasadkę.
7. Teraz włóż rzodkiewki i cebulę do sałatki. Dodać jajko i pokrojony jarmuż.
8. W misce dokładnie wymieszaj ocet, mak, sól, biały pieprz, pieprz cayenne i oliwę z oliwek.
9. Sosem polej sałatkę. Posyp kozim serem i podawaj na zimno. Smacznego!

Miska na sałatkę jajeczną

Czas przygotowania: 25 minut

Porcje 4

Wartości odżywcze w porcji: 276 kalorii; 22,6 g tłuszczu; 6,7 g węglowodanów ogółem; 12,5 g białka; 1,4 g cukru

Składniki

- 8 jaj
- 1 awokado, wydrążone, obrane i posiekane
- 1/4 majonezu
- 1 łyżka świeżego soku z limonki
- 1 łyżka octu szampańskiego
- 1 łyżeczka mielonej musztardy
- Sól morska i mielony czarny pieprz do smaku
- 1/2 łyżeczki nasion selera
- 8 czarnych oliwek, obranych i pokrojonych w plasterki
- 1/2 szklanki liści bazylii, luźno zapakowanych

Wskazania

1. W garnku Instant Pot umieść 1 szklankę wody i koszyk do gotowania na parze. Teraz umieść jajka w koszyku do gotowania na parze.

2. Zamocuj pokrywę. Wybierz tryb „Ręczny" i niskie ciśnienie; gotować przez 5 minut. Po zakończeniu gotowania użyj szybkiego zwolnienia ciśnienia; ostrożnie zdejmij nasadkę.

3. Pozostaw jajka do ostygnięcia na 15 minut. Obierz jajka i przekrój je wzdłuż.

4. Do miski włóż awokado, majonez, sok z cytryny, ocet, musztardę, sól, czarny pieprz, nasiona selera; wymieszać, aby dobrze wymieszać.

5. Na wierzch połóż zarezerwowane jajka, oliwki i bazylię. Cieszyć się!

Zapiekanka ze szparagami i serem

Czas przygotowania: 25 minut

Porcje 6

Wartości odżywcze w porcji: 272 kalorie; 21,1 g tłuszczu; 4,7 g węglowodanów ogółem; 15,5 g białka; 2,3 g cukru

Składniki

- 1 łyżka masła, miękkiego
- 1/2 szklanki posiekanych porów
- 2 ząbki czosnku, drobno posiekane
- 10 posiekanych szparagów
- 6 jajek, ubitych
- 4 łyżki mleka
- 3 łyżki serka śmietankowego
- Koszerna sól i biały pieprz do smaku
- 1/2 łyżeczki tymianku, drobno posiekanego
- 1/2 łyżeczki rozmarynu, drobno posiekanego
- 1 szklanka startego sera Colby

1. Naciśnij przycisk „Sauté", aby podgrzać garnek błyskawiczny. Teraz rozpuść masło i smaż por, aż będzie miękki.
2. Dodaj czosnek i smaż przez kolejne 30 sekund. Wyłącz Instant Pot. Dodać resztę składników i wymieszać do połączenia.
3. Powstałą masę wlać do lekko natłuszczonych foremek.
4. Wytrzyj Instant Pot wilgotną szmatką. Umieść 1 szklankę wody i stojak w Instant Pot.
5. Opuść kokilki na ruszt. Przykryj je kawałkiem folii aluminiowej.
6. Zamocuj pokrywę. Wybierz tryb „zupa/rosół" i niskie ciśnienie; gotować 20 minut. Po zakończeniu gotowania użyj szybkiego zwolnienia ciśnienia; ostrożnie zdejmij nasadkę. Ciesz się posiłkiem!

Świąteczne jajka na śniadanie

Czas przygotowania: 10 minut

Porcje 3

Wartości odżywcze w porcji: 259 kalorii; 19,2 g tłuszczu; 2 g węglowodanów ogółem; 17,9 g białka; 1,3 g cukru

Składniki

- 6 dużych jaj
- Sól i czerwony pieprz do smaku

Wskazania

1. Dodaj 1 szklankę wody i metalową podstawę do Instant Pot.
2. Spryskaj sześć silikonowych kubków sprayem zapobiegającym przywieraniu. Do każdej filiżanki wbij jajko.
3. Następnie opuść silikonowe miseczki na metalową podstawę.
4. Zamocuj pokrywę. Wybierz tryb „Para" i Wysokie ciśnienie; gotować przez 4 minuty. Po zakończeniu gotowania użyj szybkiego zwolnienia ciśnienia; ostrożnie zdejmij nasadkę.
5. Jajka doprawiamy solą i papryką. Smacznego!

Zielony dip z serem i musztardą

Czas przygotowania: 10 minut

Porcje 8

Wartości odżywcze w porcji: 49 kalorii; 3,1 g tłuszczu; 1,4 g węglowodanów ogółem; 3,9 g białka; 0,8 g cukru

Składniki

- 1 szklanka posiekanej musztardy
- 4 gramy twarogu w temperaturze pokojowej
- 1/2 szklanki koziego sera w temperaturze pokojowej
- Sól i mielony czarny pieprz do smaku
- 1 łyżeczka musztardy Dijon

Wskazania

1. Po prostu wrzuć wszystkie powyższe składniki do Instant Pot.
2. Zamocuj pokrywę. Wybierz tryb „Ręczny" i niskie ciśnienie; gotować 3 minuty. Po zakończeniu gotowania użyj szybkiego zwolnienia ciśnienia; ostrożnie zdejmij nasadkę.
3. Podawaj na gorąco i ciesz się!

Dip kalafiorowy z serem

Czas przygotowania: 10 minut

Porcje 10

Wartości odżywcze w porcji: 97 kalorii; 8,7 g tłuszczu; 1,2 g węglowodanów ogółem; 3,9 g białka; 0,5 g cukru

Składniki

- 1 szklanka wody
- 1/2 funta kalafiora podzielonego na różyczki
- 1/2 szklanki bulionu z kurczaka, gorącego
- 1/2 kostki masła
- 1 szklanka sera paneer, pokruszonego
- 2 łyżki posiekanej świeżej kolendry
- 1 łyżeczka Kala namak
- 1/4 łyżeczki czarnego pieprzu

1. Zacznij od dodania wody i koszyka do gotowania na parze do Instant Pot. Teraz umieść różyczki kalafiora w koszyku do gotowania na parze.

2. Zamocuj pokrywę. Wybierz tryb „Ręczny" i niskie ciśnienie; gotować 3 minuty. Po zakończeniu gotowania użyj szybkiego zwolnienia ciśnienia; ostrożnie zdejmij nasadkę.

3. Następnie zmiksuj różyczki kalafiora w robocie kuchennym.

4. Dodaj resztę składników; puree, aż wszystko się dobrze wymiesza. Smacznego!

Najlepsze śniadanie ketonowe

Czas przygotowania: 10 minut

Porcje 4

Wartości odżywcze w porcji: 256 kalorii; 18,6 g tłuszczu; 5,3 g węglowodanów ogółem; 17 g białka; 2,9 g cukru

Składniki

- 4 średnie pieczarki portobello, bez łodyg
- 4 jajka
- 1 czerwona papryka, starta i posiekana
- 1 zielona papryka, starta i posiekana
- Sól morska i mielony czarny pieprz do smaku
- 1/2 łyżeczki pieprzu cayenne
- 1/2 łyżeczki suszonego ziela koperku
- 1 szklanka startego sera Pepper-Jack

Wskazania

1. Zacznij od dodania 1 szklanki wody i metalowej
    podstawy do Instant Pot. Spryskaj grzyby Portobello
    sprayem nieprzywierającym.
2. Wymieszaj jajko, pieprz, sól, pieprz czarny, pieprz
    cayenne i koperek; mieszaj, aż wszystko się dobrze
    połączy. Wlać tę mieszaninę do przygotowanych
    kapeluszy grzybów.
3. Umieść nadziewany grzyb na metalowej podstawie.
4. Zamocuj pokrywę. Wybierz tryb „Ręczny" i Wysokie
    ciśnienie; gotować przez 6 minut. Po zakończeniu
    gotowania użyj szybkiego zwolnienia ciśnienia;
    ostrożnie zdejmij nasadkę.
5. Posyp tartym serem. Smacznego!

Świetne okłady ketonowe

Czas przygotowania: 10 minut

Porcje 4

Wartości odżywcze w porcji: 298 kalorii; 24,2 g tłuszczu; 3,6 g węglowodanów ogółem; 15,7 g białka; 1,3 g cukru

Składniki

- 2 łyżeczki masła w temperaturze pokojowej
- 4 jajka
- Sól i czerwony pieprz do smaku
- 1/2 szklanki startego sera Cheddar
- 8 plasterków mortadeli
- 1/4 szklanki majonezu
- 1 łyżka musztardy Dijon
- 8 liści sałaty rzymskiej

1. Naciśnij przycisk „Sauté", aby podgrzać garnek błyskawiczny. Podgrzej teraz masło.
2. Dodajemy jajka i mieszamy drewnianą łyżką, aż jajka będą miękkie. Dodać sól, paprykę i ser.
3. Kontynuuj gotowanie przez kolejne 40 sekund lub do momentu rozpuszczenia sera. Wyłącz Instant Pot.
4. Teraz podziel mieszaninę jajek i sera pomiędzy plasterki mortadeli; dodać majonez i musztardę. Do każdej bułki dodaj liść sałaty.

Gulasz z kiełbasy i pomidorów

Czas przygotowania: 10 minut

Czas gotowania: 20 minut

Porcje: 4

Składniki:

- 1 funt kiełbasy wieprzowej, pokrojonej w plasterki
- 14 gramów pomidorów z puszki, posiekanych
- 1 żółta cebula, posiekana
- Szczypta soli i czarnego pieprzu
- 1 łyżka oleju z awokado
- ½ szklanki bulionu wołowego

Wskazania:

1. Szybkowar włącz tryb smażenia, dodaj olej, podgrzej, dodaj cebulę i kiełbasę i smaż przez 5 minut.
2. Dodać pozostałe składniki, przykryć pokrywką i gotować na małym ogniu przez 15 minut.
3. Zwolnić ciśnienie naturalnie na 10 minut, rozdzielić gulasz do misek i podawać.

Wartości odżywcze na porcję: kalorie 200, tłuszcz 7, błonnik 3, węglowodany 9, białko 12

Stek z rozmarynu i zapiekanka z pasternaku

Czas przygotowania: 10 minut

Czas gotowania: 30 minut

Porcje: 4

Składniki:

- 1 funt gulaszu wołowego, pokrojonego w kostkę
- 2 łyżki oliwy z oliwek
- Szczypta soli i czarnego pieprzu
- ¼ funta pasternaku, pokrojonego w plasterki
- 4 ząbki czosnku, drobno posiekane
- 2 szklanki bulionu wołowego
- 1 łyżka przecieru pomidorowego
- Pęczek rozmarynu, posiekany

Wskazania:

1. Szybkowar włącz tryb smażenia, dodaj olej, podgrzej, dodaj wołowinę i czosnek i smaż przez 5 minut, często mieszając.
2. Dodać pasternak i resztę składników, przykryć pokrywką i gotować na maksymalnym ogniu przez 25 minut.
3. Zwolnić ciśnienie naturalnie na 10 minut, rozdzielić gulasz do misek i podawać.

Wartości odżywcze na porcję: kalorie 242, tłuszcz 12, błonnik 4, węglowodany 9, białko 13

Włoski gulasz z kurczaka i szpinaku

Czas przygotowania: 10 minut

Czas gotowania: 25 minut

Porcje: 4

Składniki:

- 1 funt piersi kurczaka, bez skóry, bez kości i pokrojony w kostkę
- 1 łyżka oliwy z oliwek
- 1 żółta cebula, posiekana
- 2 szklanki szpinaku, posiekanego
- 1 szklanka bulionu z kurczaka
- ½ szklanki sosu pomidorowego
- Sól i czarny pieprz do smaku

Wskazania:

1. Szybkowar włącz tryb smażenia, dodaj olej, podgrzej, dodaj cebulę i kurczaka i smaż przez 5 minut.
2. Dodać pozostałe składniki, przykryć pokrywką i gotować na małym ogniu przez 20 minut.
3. Zwolnić ciśnienie naturalnie na 10 minut, rozdzielić gulasz do misek i podawać.

Wartości odżywcze na porcję: kalorie 263, tłuszcz 11, błonnik 3, węglowodany 6, białko 17

Gulasz z kurczaka i okry

Czas przygotowania: 10 minut

Czas gotowania: 20 minut

Porcje: 4

Składniki:

- 1 żółta cebula, posiekana
- 1 funt piersi kurczaka, bez skóry, bez kości i pokrojony w kostkę
- 1 ząbek czosnku, drobno posiekany
- 2 szklanki bulionu z kurczaka
- 14 gramów okry
- 1 łyżeczka pięciu przypraw
- 12 gramów sosu pomidorowego
- Szczypta soli i czarnego pieprzu
- 2 łyżeczki oleju z awokado
- ½ szklanki posiekanej natki pietruszki
- Sok z 1 limonki

Wskazania:

1. Szybkowar włącz tryb smażenia, dodaj olej, podgrzej, dodaj mięso i cebulę i smaż przez 5 minut.

2. Dodać pozostałe składniki oprócz natki pietruszki, przykryć i gotować na dużym ogniu przez 15 minut.

3. Zwolnić ciśnienie naturalnie na 10 minut, dodać natkę pietruszki, rozdzielić gulasz do misek i podawać.

Wartości odżywcze w porcji: kalorie 253, tłuszcz 12, błonnik 5, węglowodany 8, białko 16

Gulasz z groszku i indyka

Czas przygotowania: 10 minut

Czas gotowania: 25 minut

Porcje: 4

Składniki:

- 1 pierś z indyka, bez skóry i kości, pokrojona w kostkę
- 4 ząbki czosnku, drobno posiekane
- 1 łyżka oliwy z oliwek
- 2 łodygi selera, posiekane
- 1 żółta cebula, posiekana
- 1 szklanka groszku
- 2 liście laurowe
- ¼ łyżeczki tymianku, suszonego
- Szczypta soli i czarnego pieprzu
- 1 i ½ szklanki bulionu z kurczaka
- 3 łyżki przecieru pomidorowego
- 1 łyżka posiekanej kolendry

1. Szybkowar ustawić na tryb smażenia, dodać olej, podgrzać, dodać mięso, czosnek i cebulę, wymieszać i smażyć przez 5 minut.

2. Dodaj resztę składników oprócz kolendry, przykryj i gotuj na wysokim poziomie przez 20 minut.

3. Zwolnić ciśnienie naturalnie na 10 minut, wyrzucić liście laurowe, dodać natkę pietruszki, rozdzielić gulasz do misek i podawać.

Wartości odżywcze na porcję: kalorie 272, tłuszcz 12, błonnik 4, węglowodany 7, białko 11

Gulasz z indyka i brukselki

Czas przygotowania: 10 minut

Czas gotowania: 25 minut

Porcje: 4

Składniki:

- 1 funt piersi z indyka, bez skóry, bez kości i pokrojony w kostkę
- 1 funt brukselki, przekrojonej na pół
- 1 szalotka, posiekana
- 2 ząbki czosnku, drobno posiekane
- 1 łyżka oliwy z oliwek
- Szczypta soli i czarnego pieprzu
- 1 łyżka tymianku, posiekanego
- ½ łyżki posiekanego estragonu
- 1 łyżka posiekanej natki pietruszki
- 1 szklanka bulionu z kurczaka
- ½ szklanki sosu pomidorowego

1. Szybkowar włącz tryb smażenia, dodaj olej, podgrzej, dodaj mięso, kiełki, szalotkę i czosnek i smaż przez 5 minut.
2. Dodać pozostałe składniki, przykryć pokrywką i gotować na małym ogniu przez 20 minut.
3. Zwolnić ciśnienie naturalnie na 10 minut, rozdzielić gulasz do misek i podawać.

Wartości odżywcze w porcji: kalorie 239, tłuszcz 14, błonnik 4, węglowodany 9, białko 16

Gulasz z jagnięciny i czerwonej papryki

Czas przygotowania: 5 minut

Czas gotowania: 20 minut

Porcje: 4

Składniki:

- 1 funt łopatki jagnięcej, pokrojonej w kostkę
- 2 łyżki oliwy z oliwek
- 1 biała cebula, posiekana
- 2 ząbki czosnku, drobno posiekane
- 10 gramów mieszanej czerwonej papryki, pokrojonej w paski
- 2 szklanki bulionu wołowego
- Szczypta soli i czarnego pieprzu
- 1 łyżka suszonej bazylii
- 2 łyżki posiekanego tymianku

Wskazania:

1. Szybkowar włącz tryb smażenia, dodaj olej, rozgrzej, dodaj mięso, czosnek i cebulę i smaż przez 5 minut.
2. Dodaj resztę składników, załóż pokrywkę i gotuj na wysokim poziomie przez 15 minut.
3. Szybko zwolnij ciśnienie na 5 minut, podziel gulasz do misek i podawaj.

Gulasz wieprzowy z cynamonem

Czas przygotowania: 10 minut

Czas gotowania: 30 minut

Porcje: 4

Składniki:

- 1 funt i ½ wieprzowiny pokrojonej w kostkę
- 1 żółta cebula, posiekana
- 2 łyżki oliwy z oliwek
- 1 łyżeczka sproszkowanego cynamonu
- 2 ząbki czosnku, posiekane
- Szczypta soli i czarnego pieprzu
- ½ szklanki bulionu wołowego
- 12 gramów pomidorów z puszki, posiekanych
- 1 łyżka posiekanej bazylii

Wskazania:

1. Szybkowar włącz tryb smażenia, dodaj olej, podgrzej, dodaj mięso, cebulę, czosnek i cynamon, wymieszaj i smaż przez 5 minut.
2. Dodać pozostałe składniki oprócz bazylii, przykryć i gotować na małym ogniu przez 25 minut.

3. Zwolnić ciśnienie naturalnie na 10 minut, rozłożyć gulasz do misek, posypać bazylią i podawać.

Wartości odżywcze na porcję: kalorie 231, tłuszcz 12, błonnik 3, węglowodany 7, białko 9

Gulasz wieprzowy z pesto

Czas przygotowania: 10 minut

Czas gotowania: 30 minut

Porcje: 4

Składniki:

- 1 żółta cebula, posiekana
- 1 funt gulaszu wieprzowego, pokrojonego w kostkę
- 1 ząbek czosnku, drobno posiekany
- 1 szklanka bulionu z kurczaka
- 12 gramów sosu pomidorowego
- 1 łyżka oliwy z oliwek
- Sok z ½ cytryny
- 1 łyżka posiekanej natki pietruszki
- 1 łyżka pesto bazyliowego

Wskazania:

1. Szybkowar włącz tryb smażenia, dodaj olej, podgrzej, dodaj mięso, cebulę i czosnek i smaż przez 5 minut.
2. Dodać pozostałe składniki, przykryć pokrywką i gotować na małym ogniu przez 25 minut.

3. Zwolnić ciśnienie naturalnie na 10 minut, rozdzielić gulasz do misek i podawać.

Wartości odżywcze w porcji: kalorie 233, tłuszcz 12, błonnik 4, węglowodany 7, białko 15

Wołowina i rzepa

Czas przygotowania: 10 minut

Czas gotowania: 40 minut

Porcje: 6

Składniki:

- 2 funty gulaszu wołowego, pokrojonego w kostkę
- 2 szklanki bulionu z kurczaka
- 3 ząbki czosnku, posiekane
- 1 szklanka sosu pomidorowego
- Sól i czarny pieprz do smaku
- 3 rzepy pokrojone w ćwiartki

Wskazania:

1. Połącz wszystkie składniki w Instant Pot, przykryj i gotuj na wolnym ogniu przez 40 minut.
2. Zwolnić ciśnienie naturalnie na 10 minut, rozdzielić gulasz do misek i podawać.

Wartości odżywcze na porcję: kalorie 221, tłuszcz 12, błonnik 4, węglowodany 7, białko 11

Gulasz pomidorowy z jagnięciną i oregano

Czas przygotowania: 10 minut

Czas gotowania: 40 minut

Porcje: 4

Składniki:

- 4 kotlety jagnięce
- 2 łyżki oliwy z oliwek
- 1 żółta cebula, posiekana
- 2 ząbki czosnku, drobno posiekane
- 1 szklanka i ½ pokrojonego w kostkę pomidora
- 1 łyżka oregano, posiekanego
- Szczypta soli i czarnego pieprzu
- 2 szklanki bulionu wołowego

Wskazania:

1. Szybkowar włącz tryb smażenia, dodaj olej, podgrzej, dodaj jagnięcinę i smaż przez 4 minuty.
2. Dodaj resztę składników, załóż pokrywkę i gotuj na małym ogniu przez 35 minut.
3. Zwolnić ciśnienie naturalnie na 10 minut, rozdzielić gulasz do misek i podawać.

Wartości odżywcze na porcję: kalorie 230, tłuszcz 14, błonnik 4, węglowodany 7, białko 11

Zapiekanka z mięsem chilli

Czas przygotowania: 5 minut

Czas gotowania: 20 minut

Porcje: 4

Składniki:

- 1 funt gulaszu wołowego, mielony
- 2 szklanki bulionu wołowego
- 10 gramów zielonego sosu
- 1 łyżeczka chili w proszku
- Szczypta soli i czarnego pieprzu
- 1 łyżka posiekanej kolendry

Wskazania:

1. Połącz wszystkie składniki z wyjątkiem kolendry w Instant Pot, przykryj i gotuj na wysokim poziomie przez 20 minut.
2. Szybko zwolnij ciśnienie na 5 minut, rozłóż gulasz do misek, posyp kolendrą i podawaj.

Wartości odżywcze na porcję: kalorie 201, tłuszcz 7, błonnik 4, węglowodany 7, białko 9

Cola cytrynowa i gulasz z kurczaka

Czas przygotowania: 10 minut

Czas gotowania: 20 minut

Porcje: 4

Składniki:

- 1 funt piersi kurczaka, bez skóry, bez kości i pokrojony w kostkę
- 2 szklanki jarmużu, posiekanego
- ½ szklanki bulionu z kurczaka
- ½ szklanki sosu pomidorowego
- Szczypta soli i czarnego pieprzu
- 1 łyżka posiekanej kolendry

Wskazania:

1. Połącz wszystkie składniki w Instant Pot, przykryj i gotuj na wysokim poziomie przez 20 minut.
2. Zwolnić ciśnienie naturalnie na 10 minut, rozdzielić gulasz do misek i podawać.

Wartości odżywcze w porcji: kalorie 192, tłuszcz 8, błonnik 4, węglowodany 8, białko 12

Gulasz wołowy z estragonem

Czas przygotowania: 10 minut

Czas gotowania: 30 minut

Porcje: 4

Składniki:

- 1 ½ funta wołowiny, pokrojonej w kostkę
- 3 ząbki czosnku, drobno posiekane
- 2 łyżki oliwy z oliwek
- 1 szklanka sosu pomidorowego
- ½ szklanki bulionu wołowego
- 1 łyżka posiekanego estragonu
- Szczypta soli i czarnego pieprzu

Wskazania:

1. Szybkowar włącz tryb smażenia, dodaj olej, podgrzej, dodaj mięso i czosnek i smaż przez 5 minut.
2. Dodać pozostałe składniki, przykryć pokrywką i gotować na małym ogniu przez 25 minut.
3. Zwolnić ciśnienie naturalnie na 10 minut, rozdzielić gulasz do misek i podawać.

Wartości odżywcze na porcję: kalorie 200, tłuszcz 12, błonnik 4, węglowodany 6, białko 9

Gulasz z bekonu i szpinaku

Czas przygotowania: 10 minut

Czas gotowania: 12 minut

Porcje: 4

Składniki:

- 2 szklanki posiekanego boczku
- 1 łyżeczka oliwy z oliwek
- 1 funt szpinaku, rozdrobniony
- Szczypta soli i czarnego pieprzu
- ½ szklanki bulionu z kurczaka
- 3 łyżki przecieru pomidorowego

Wskazania:

1. Szybkowar włącz tryb smażenia, dodaj olej, podgrzej, dodaj boczek i gotuj przez 5 minut.
2. Dodaj resztę składników, załóż pokrywkę i gotuj na małym ogniu przez 12 minut.
3. Zwolnić ciśnienie naturalnie na 10 minut, rozdzielić gulasz do misek i podawać.

Wartości odżywcze w porcji: kalorie 195, tłuszcz 4, błonnik 5, węglowodany 9, białko 6

Gulasz z krewetek i dorsza

Czas przygotowania: 5 minut

Czas gotowania: 12 minut

Porcje: 4

Składniki:

- 1 funt krewetek, obranych i oczyszczonych
- 7 gramów pomidorów z puszki, posiekanych
- ½ pęczka natki pietruszki, posiekanej
- ¼ szklanki bulionu z kurczaka
- 1 funt dorsza, bez kości, bez skóry i pokrojony w kostkę

Wskazania:

1. Połącz wszystkie składniki w Instant Pot, przykryj i gotuj na wolnym ogniu przez 12 minut.
2. Szybko zwolnij ciśnienie na 5 minut, podziel mieszaninę do misek i podawaj.

Wartości odżywcze na porcję: kalorie 160, tłuszcz 4, błonnik 3, węglowodany 7, białko 9

Gulasz z fasolki szparagowej i kurczaka

Czas przygotowania: 10 minut

Czas gotowania: 15 minut

Porcje: 4

Składniki:

- 1 łyżka oliwy z oliwek
- 2 ząbki czosnku, drobno posiekane
- 1 funt piersi kurczaka, bez skóry, bez kości i pokrojony w kostkę
- 1 funt zielonej fasolki, posiekanej
- 14 gramów pomidorów z puszki, posiekanych
- 1 łyżka posiekanej natki pietruszki

Wskazania:

1. Szybkowar włącz tryb smażenia, dodaj olej, rozgrzej, dodaj mięso i czosnek i smaż przez 5 minut.
2. Dodaj resztę składników, załóż pokrywkę i gotuj na wysokim poziomie przez 15 minut.
3. Zwolnić ciśnienie naturalnie na 10 minut, rozdzielić gulasz do misek i podawać.

Wartości odżywcze na porcję: kalorie 200, tłuszcz 8, błonnik 5, węglowodany 8, białko 10

Komosa kurkumowa i zapiekanka z kurczakiem

Czas przygotowania: 6 minut

Czas gotowania: 20 minut

Porcje: 4

Składniki:

- 1 łyżka oliwy z oliwek
- ½ szklanki komosy ryżowej, opłukanej
- 3 szklanki bulionu z kurczaka
- 1 funt piersi kurczaka, bez skóry, bez kości i pokrojony w kostkę
- ½ łyżeczki kminku, mielonego
- 1 czerwona cebula, posiekana
- 4 ząbki czosnku, drobno posiekane
- ½ łyżeczki kurkumy w proszku
- Szczypta soli i czarnego pieprzu
- 1 łyżeczka soku z cytryny

1. Szybkowar włącz tryb smażenia, dodaj olej, podgrzej, dodaj mięso, cebulę, czosnek, kurkumę i kminek, wymieszaj i smaż przez 5 minut.
2. Dodać pozostałe składniki, przykryć i gotować na dużym ogniu przez 15 minut.
3. Szybko zwolnij ciśnienie na 6 minut, zamieszaj gulasz, podziel go do misek i podawaj.

Wartości odżywcze na porcję: kalorie 200, tłuszcz 12, błonnik 4, węglowodany 7, białko 14

Lekka zupa na lunch

Czas przygotowania: 43 MIN

Część: 6

Składniki

- 1 łyżka stołowa Oliwa z oliwek
- 1 posiekana żółta cebula
- 3 ząbki posiekanego czosnku
- 1¼ funta mrożonego kalafiora
- ½ funta mrożonej dyni pokrojonej w kostkę
- 3 szklanki przefiltrowanej wody
- 1 łyżeczka suszonego tymianku
- 1 łyżeczka czerwonej papryki
- ½ łyżeczki płatków czerwonej papryki
- Sól dla smaku
- ½ szklanki pół na pół
- ¼ szklanki startego sera Cheddar

Wskazania:

1. Włóż olej do garnka błyskawicznego i wybierz opcję „Sauté". Następnie dodać cebulę i smażyć około 4-5 minut.
2. Dodać czosnek i smażyć około 1 minuty.
3. Wybierz „Anuluj" i dodaj kalafior, dynię, wodę, tymianek i przyprawy.
4. Załóż korek i ustaw zawór ciśnieniowy w pozycji „Uszczelnienie".
5. Wybierz „Ręczny" i gotuj na „Wysokim ciśnieniu" przez ok. 5 minut
6. Wybierz „Anuluj" i ostrożnie wykonaj „Szybkie" wydanie.
7. Zdejmij pokrywkę i wymieszaj pół na pół.
8. Zupę zmiksuj blenderem zanurzeniowym i natychmiast podawaj.

Wartości odżywcze w porcji:

Kalorie 117

Tłuszcz całkowity 6,5 g

Węglowodany netto 2,16 g

Białko 4,4 g

Błonnik 3,8 g

Amerykańska zupa jarzynowa

Czas przygotowania: 38 MIN

Część: 6

Składniki:

- 2 łyżeczki oliwy z oliwek
- 1 mała żółta cebula, posiekana
- 1 łyżka stołowa drobno posiekany czosnek
- 1 łyżeczka suszonego tymianku
- 1 funt posiekanych świeżych grzybów Baby Bella
- 4 szklanki posiekanego kalafiora
- 6 szklanek domowego wywaru warzywnego
- ¾ szklanki tartego parmezanu

Wskazania:

1. Włóż olej do garnka błyskawicznego i wybierz opcję „Sauté". Następnie dodać cebulę i czosnek i smażyć przez 2-3 minuty.
2. Dodaj grzyby i smaż przez 4-5 minut.
3. Wybierz „Anuluj" i dodaj kalafior i bulion.
4. Załóż korek i ustaw zawór ciśnieniowy w pozycji „Uszczelnienie".
5. Wybierz „Ręczny" i gotuj na „Wysokim ciśnieniu" przez ok. 5 minut

6. Wybierz „Anuluj" i ostrożnie dokonaj naturalnego uwolnienia.

7. Zdejmij pokrywkę i zmiksuj zupę za pomocą blendera zanurzeniowego.

8. Wybierz opcję „Sauté" i dodaj parmezan.

9. Gotuj przez około 5 minut.

10. Natychmiast podawaj.

Wartości odżywcze w porcji:

Kalorie 147

Tłuszcz całkowity 69 g

Węglowodany netto 1,5 g

Białko 13,8 g

Błonnik 2,6 g

Zupa bolońska

Czas przygotowania: 40 MIN

Część: 4

Składniki:

- 1 funt mielonej wołowiny
- 14 gramów pokrojonych w kostkę pomidorów w puszce
- ¼ szklanki przecieru pomidorowego
- 3 szklanki bulionu z kurczaka
- ½ łyżeczki tymianku
- ½ łyżeczki oregano
- 1 łyżka stołowa posiekana bazylia
- 2 ząbki czosnku, posiekane
- 2 szklanki ryżu kalafiorowego
- ½ łyżeczki słodzika
- ½ łyżeczki soli
- ½ łyżeczki pieprzu
- 1 łyżka stołowa Oliwa z oliwek

Wskazania:

1. Rozgrzej olej w swoim IP do SAUCE.

2. Dodaj cebulę i smaż przez 3 minuty.

3. Dodaj czosnek, oregano i tymianek i smaż jeszcze przez 1 minutę.

4. Dodaj wołowinę i smaż na złoty kolor.

5. Dodaj przecier pomidorowy i pomidory i gotuj przez kolejne 2 minuty.

6. Wlać bulion.

7. Dodaj sól, pieprz i słodzik i zamknij pokrywkę.

8. Gotuj na poziomie HIGH przez 5 minut.

9. Pozwól, aby ciśnienie spadło przez 5 minut.

10. Dodaj kalafior i gotuj przez kolejne 5 minut na poziomie HIGH.

11. Naturalnie uwalnia ciśnienie.

12. Wymieszaj bazylię i podawaj.

13. Cieszyć się!

Wartości odżywcze w porcji:

Kalorie 423

Tłuszcz całkowity 17,4 g

Węglowodany netto 7 g

Białko 25 g

Błonnik: 1,8 g

Zupa z szynki i szparagów

Czas przygotowania: 55 MIN

Część: 4

Składniki:

- 1 ½ funta posiekanych szparagów
- ½ łyżeczki tymianku
- ¾ szklanki szynki pokrojonej w kostkę
- 1 cebula, pokrojona w kostkę
- 3 łyżki Ghee
- 2 łyżeczki drobno posiekanego czosnku
- 4 szklanki bulionu z kurczaka

Wskazania:

1. Rozpuść ghee na swoim IP w SAUTE.
2. Dodaj cebulę i smaż przez 3 minuty.
3. Dodaj szynkę i czosnek i smaż przez kolejną 1 minutę.
4. Dodać tymianek i bulion i wymieszać do połączenia.
5. Zamknij pokrywkę i gotuj w SOPA przez 45 minut.
6. Szybko uwalnia ciśnienie.
7. Zmiksuj blenderem zanurzeniowym na gładką masę.
8. Podawaj i ciesz się!

Kalorie 233

Tłuszcz całkowity 18,5 g

Węglowodany netto 7,5 g

Białka 8,7 g
Błonnik: 2,6 g

Inna zupa weselna

Czas przygotowania: 45 MIN

Część: 4

Składniki:

- 3 szklanki bulionu kostnego
- 4 gramy szpinaku
- ½ cebuli, posiekanej
- 1 szklanka szynki pokrojonej w kostkę
- ½ łyżeczki kurkumy
- ½ łyżeczki czosnku w proszku
- ½ szklanki posiekanego selera
- 1 marchewka, pokrojona w cienkie plasterki
- 1 łyżeczka tymianku
- 1 szklanka ryżu kalafiorowego
- Grzyby mięsne:
- 1/2 funta mielonej wołowiny
- 1 łyżka stołowa Mąka migdałowa
- ½ łyżeczki oregano
- ½ łyżeczki pietruszki
- ¼ łyżeczki pieprzu

1. Wszystkie składniki klopsów wymieszaj w misce.
2. Forma na klopsiki.
3. Umieść wszystkie pozostałe składniki, z wyjątkiem szynki, w pojemniku Instant Pot i wymieszaj, aby się połączyć.
4. Dodaj klopsiki i zamknij pokrywkę.
5. Gotuj w ZUPIE przez 30 minut.
6. Naturalnie uwalnia ciśnienie.
7. Wymieszaj szynkę i podawaj.
8. Cieszyć się!

Wartości odżywcze w porcji:

Kalorie 180

Tłuszcz całkowity 8 g

Węglowodany netto 4.7

Białko 22 g

Błonnik: 3,5 g

Zupa ogonowa

Czas przygotowania: 4 godziny

Część: 8

Składniki:

- 3 ½ funta ogonów ogonowych
- 3 liście laurowe
- 1 łodyga selera, posiekana
- 2 szklanki zielonej fasolki
- 1 brukiew, pokrojona w kostkę
- 14 gramów pokrojonych w kostkę pomidorów w puszce
- ¼ szklanki ghee
- 1 gałązka tymianku
- 1 gałązka rozmarynu
- 2 pory, pokrojone w plasterki
- 2 ½ litra wody
- 2 łyżki stołowe Sok cytrynowy
- ¼ łyżeczki mielonych goździków
- Sól i pieprz do smaku

Wskazania:

1. Rozpuść ghee na swoim IP w SAUTE.

2. Dodaj ogony i smaż na złoty kolor. Być może będziesz musiał tutaj pracować w grupach.

3. Zalać wodą, dodać tymianek, rozmaryn, liść laurowy i goździki.

4. Gotuj na poziomie HIGH przez 1 godzinę.

5. Uzyskaj naturalną ulgę w ucisku.

6. Wyjmij mięso z IP i rozdrobnij je na desce do krojenia.

7. Dodaj brukiew i por do garnka i zamknij pokrywkę.

8. Gotuj na poziomie HIGH przez 5 minut.

9. Dodać resztę warzyw i smażyć kolejne 7 minut.

10. Dodaj mięso i ponownie zamknij.

11. Gotuj na poziomie HIGH przez 2 minuty.

12. Dodać sok z cytryny i doprawić solą i pieprzem.

13. Podawaj i ciesz się!

Wartości odżywcze w porcji:

Kalorie 371

Tłuszcz całkowity 22 g

Węglowodany netto 8,2 g

Białko 33 g

Błonnik: 2,7 g

zupa Taco

Czas przygotowania: 25 MIN

Część: 8

Składniki:

- 1 funt mielonej wieprzowiny
- 1 funt mielonej wołowiny
- 16 uncji sera śmietankowego
- 20 uncji posiekanych pomidorów Ro-Tel i zielonego chili
- 2 łyżki stołowe Przyprawa do tacos
- 4 szklanki bulionu z kurczaka
- 2 łyżki stołowe Liście kolendry (posiekane
- ½ szklanki Monterey Jack (startego

Wskazania:

1. Ustaw garnek błyskawiczny na „Sauté" i dodaj mieloną wołowinę. Gotuj, często mieszając i rozbijając większe kawałki, aż cała woda odparuje, ok. 10 minut
2. Dodaj serek śmietankowy, przyprawę Ro-Tel i taco i dobrze wymieszaj.
3. Umieść i zamknij pokrywę i ręcznie ustaw czas gotowania na 15 minut pod wysokim ciśnieniem.
4. Po zakończeniu szybko zwolnij nacisk. Dodaj liście kolendry.

5. Podawać posypane tartym Monterey Jack.

Wartości odżywcze w porcji:

Kalorie: 547

Tłuszcz całkowity: 43 g

Węglowodany netto: 4 g

Białka: 33 g

Błonnik: 1 g

Zupa Minestrone

Czas przygotowania: 35 MIN

Część: 12

Składniki:

- 2 łyżki stołowe Oliwa z oliwek
- 1 słodki ziemniak (pokrojony w kostkę
- 1 szklanka marchewki (pokrojonej w kostkę
- 2 łodygi selera (pokrojone w kostkę
- 2 średnie cukinie (pokrojone w kostkę
- 2 średnie szalotki (pokrojone w kostkę
- 2 ząbki czosnku (posiekane
- 28 uncji bulionu z kurczaka
- 28 uncji pomidorów (pokrojonych w kostkę
- 1 szklanka świeżego szpinaku (posiekanego
- 2 liście laurowe
- 2 łyżeczki suszonego oregano
- 1 łyżeczka suszonej bazylii
- 1 łyżeczka suszonej pietruszki
- ½ łyżeczki pieprzu cayenne
- ½ łyżeczki soli
- 1 łyżeczka mielonego czarnego pieprzu
- 1 ½ funta mielonej kiełbasy wieprzowej (gotowanej i pokruszonej)

Wskazania:

1. Wlej oliwę z oliwek do Instant Pot. Do garnka dodać wszystkie pozostałe składniki oprócz szpinaku i wymieszać.
2. Umieść i zamknij pokrywkę, a następnie ustaw garnek błyskawiczny na „Zupa" lub ręcznie na 30 minut gotowania pod wysokim ciśnieniem.
3. Po zakończeniu szybko zwolnij nacisk.
4. Wyjąć liść laurowy, na patelnię dodać szpinak, wymieszać i pozostawić na 2-3 minuty, aż zwiędnie.
5. Podawać na gorąco.

Wartości odżywcze w porcji:

Kalorie: 254

Tłuszcz całkowity: 18 g

Węglowodany netto: 8g

Białka: 11 g

Błonnik: 2 g

Kokosowa zupa pomidorowa

Czas przygotowania: 10 MIN

Część: 4

Składniki:

- 1 puszka mleka kokosowego
- 1 średnia czerwona cebula (pokrojona w kostkę
- 6 pomidorów rzymskich (w ćwiartkach
- ¼ szklanki liści kolendry (posiekanych
- 1 łyżeczka czosnku (posiekanego
- 1 łyżka imbiru (posiekanego
- 1 łyżeczka soli
- ½ łyżeczki pieprzu cayenne
- 1 łyżeczka kurkumy
- 1 łyżka stołowa Nektar z agawy

Wskazania:

1. Wszystkie składniki umieścić w pojemniku Instant Pot i wymieszać do połączenia.
2. Umieść i zamknij pokrywę i ręcznie ustaw czas gotowania na 5 minut pod wysokim ciśnieniem.
3. Pozwól, aby ucisk opadł naturalnie przez 10 minut, a następnie szybko go zwolnij.
4. Zmiksuj zupę za pomocą blendera zanurzeniowego, aż będzie gładka.

5. Podawać na gorąco.

Kalorie: 157

Tłuszcz całkowity: 12 g

Węglowodany netto: 10 g

Białka: 2 g

Błonnik: 2 g

kremowa zupa z kurczaka

Czas przygotowania: 10 MIN

Część: 4

Składniki:

- 1 średnia cebula
- 6 ząbków czosnku
- 1 uncja imbiru
- 1 szklanka mleka kokosowego
- 10 uncji Ro-Tel z puszki pomidorów i chili
- 1 łyżka stołowa Rosół z kurczaka w proszku
- 1 łyżeczka mielonej kurkumy
- 1 funt udek z kurczaka bez kości (pokrojonych na 1 ½-calowe kawałki)
- 1 ½ szklanki łodyg selera (posiekanych)
- 2 szklanki boćwiny (posiekanej)

Wskazania:

1. Umieść cebulę, czosnek, imbir, pomidory i chili, kurkumę, bazę bulionową i 1/2 szklanki mleka kokosowego w robocie kuchennym i zmiksuj na gładką masę.
2. Przelej do garnka Instant Pot i dodaj kurczaka, seler i boćwinę.

3. Umieść i zamknij pokrywę i ręcznie ustaw czas gotowania na 5 minut pod wysokim ciśnieniem.

4. Kiedy skończysz, pozwól, aby ucisk opadł naturalnie przez 10 minut, a następnie szybko go zwolnij.

5. Dodać pozostałe pół szklanki mleka kokosowego, wymieszać i podawać.

Wartości odżywcze w porcji:

Kalorie: 405

Tłuszcz całkowity: 31 g

Węglowodany netto: 9 g

Białka: 21 g

Błonnik: 2 g

Szynką i zupa fasolowa

Czas przygotowania: 35 MIN

Część: 6

Składniki:

- 1 szklanka suszonej czarnej soi (namoczonej przez noc i odcedzonej).
- 1 szklanka cebuli (pokrojonej w kostkę
- 1 szklanka łodyg selera (pokrojonych w kostkę
- 4 ząbki czosnku (posiekane
- 1 łyżeczka suszonego oregano
- 1 łyżeczka soli
- 1 łyżeczka przyprawy Cajun
- 1 łyżeczka płynnego dymu
- 2 łyżeczki uniwersalnej przyprawy Tony'ego Chachere
- 1 łyżeczka ostrego sosu Luizjana
- 2 golonki
- 2 szklanki szynki (pokrojonej w kostkę
- 2 szklanki wody

Wskazania:

1. Wszystkie składniki umieścić w pojemniku Instant Pot i wymieszać do połączenia.

2. Umieść i zamknij pokrywę i ręcznie ustaw czas gotowania na 30 minut pod wysokim ciśnieniem.

3. Kiedy skończysz, pozwól, aby ucisk opadł naturalnie przez 10 minut, a następnie szybko go zwolnij.

4. Usuń mięso z kości i rozdrobnij całe mięso, odrzucając kości.

5. Mieszaj do połączenia i podawaj na gorąco.

Wartości odżywcze w porcji:

Kalorie: 269

Tłuszcz całkowity: 14 g

Węglowodany netto: 10 g

Białka: 21 g

Błonnik: 3 g

Rosół

Czas przygotowania: 10 MIN

Część: 4

Składniki:

- 1 średnia cebula (pokrojona w cienkie paski
- 3 ząbki czosnku (posiekane
- 2 szklanki grzybów (pokrojonych w plasterki).
- 1 mała żółta dynia (posiekana
- 1 funt piersi z kurczaka (bez skóry, pokrojona na 2-calowe kawałki
- 2 ½ szklanki bulionu z kurczaka
- 1 łyżeczka soli
- 1 łyżeczka mielonego czarnego pieprzu
- 1 łyżeczka przyprawy włoskiej

Wskazania:

1. Umieść wszystkie składniki w pojemniku Instant Pot.
2. Umieść i zamknij pokrywę i ręcznie ustaw czas gotowania na 15 minut pod wysokim ciśnieniem.
3. Kiedy skończysz, pozwól, aby ucisk opadł naturalnie przez 10 minut, a następnie szybko go zwolnij.
4. Wyjmij kurczaka z garnka i za pomocą blendera zanurzeniowego zmiksuj warzywa na grube puree.
5. Kurczaka rozdrobnić widelcem i wrócić do garnka.

6. Mieszaj do połączenia i podawaj.

Wartości odżywcze w porcji:

Kalorie: 289

Tłuszcz całkowity: 15 g

Węglowodany netto: 8g

Białka: 30 g

Błonnik: 1 g

Zupa z kurczaka z jarmużem

Czas przygotowania: 5 MIN

Część: 4

Składniki:

- 2 szklanki piersi z kurczaka (gotowanej
- 12 uncji jarmużu (mrożonego
- 1 średnia cebula (pokrojona w kostkę
- 4 szklanki bulionu z kurczaka
- ½ łyżeczki cynamonu
- 1 szczypta zmielonych goździków
- 2 łyżeczki czosnku (posiekanego
- 1 łyżeczka mielonego czarnego pieprzu
- 1 łyżeczka soli

Wskazania:

1. Umieść wszystkie składniki w pojemniku Instant Pot.
2. Umieść i zamknij pokrywę i ręcznie ustaw czas gotowania na 5 minut pod wysokim ciśnieniem.
3. Kiedy skończysz, pozwól, aby ucisk opadł naturalnie przez 10 minut, a następnie szybko go zwolnij.
4. W razie potrzeby dopraw do smaku i podawaj na gorąco.

Wartości odżywcze w porcji:

Kalorie: 143

Tłuszcz całkowity: 2 g

Węglowodany netto: 4 g

Białka: 23 g

Błonnik: 0 g

Włoska Zupa Kiełbasowa Z Jarmużem

Czas przygotowania: 5 MIN

Część: 6

Składniki:

- 1 funt gorącego włoskiego farszu do kiełbasy
- 1 szklanka pokrojonej w kostkę cebuli
- 6 ząbków mielonego czosnku
- 12 uncji mrożonego kalafiora
- 12 uncji mrożonego jarmużu
- 3 szklanki wody
- ½ szklanki gęstej śmietanki
- ½ szklanki startego parmezanu

Wskazania:

1. Ustaw garnek błyskawiczny na „Smażenie"
2. Włącz szybkowar, aby usmażyć. Dodać nadzienie z kiełbasy włoskiej i lekko smażyć, ciągle mieszając, aby rozbić grudki, przez 2 minuty.
3. Dodać cebulę i czosnek i dobrze wymieszać do połączenia.
4. Dodaj kalafior, jarmuż i trzy szklanki wody.
5. Umieść i zamknij pokrywę i ręcznie ustaw czas gotowania na 3 minuty pod wysokim ciśnieniem.
6. Kiedy skończysz, zwolnij nacisk naturalnie i szybko.

7. Powoli wmieszać śmietanę.

8. Podawać posypane parmezanem.

Wartości odżywcze w porcji:

Kalorie: 400

Tłuszcz całkowity: 33 g

Węglowodany netto: 7 g

Białka: 16 g

Błonnik: 1 g

Zupa z ciecierzycy z warzywami

Czas przygotowania: 6 MIN

Część: 6

Składniki:

- 4 szklanki porów (pokrojonych w cienkie plasterki
- 1 szklanka łodyg selera (pokrojona w plasterki
- 15 uncji ciecierzycy (z puszki
- 8 szklanek boćwiny tęczowej (posiekanej
- 1 łyżka stołowa Pokrojony czosnek
- 1 łyżeczka suszonego oregano
- 1 łyżeczka soli
- 2 łyżeczki mielonego czarnego pieprzu
- 2 szklanki bulionu warzywnego
- 2 szklanki dyni piżmowej (pokrojonej w 1-calową kostkę)
- ¼ szklanki natki pietruszki (posiekanej)
- 6 łyżek parmezan (tarty)

Wskazania:

1. Do szybkowaru włóż por, seler, ciecierzycę, boćwinę, czosnek, oregano, sól, pieprz i wywar warzywny. Mieszaj do połączenia.

2. Umieść i zamknij pokrywę i ręcznie ustaw czas gotowania na 3 minuty pod wysokim ciśnieniem.

3. Po zakończeniu szybko zwolnij nacisk.

4. Ustaw garnek błyskawiczny na „Sauté" i dodaj dynię i pietruszkę. Mieszaj do połączenia i gotuj przez kolejne 3 minuty.

5. Podawać posypane parmezanem.

Wartości odżywcze w porcji:

Kalorie: 142

Tłuszcz całkowity: 14 g

Węglowodany netto: 14 g

Białka: 6 g

Błonnik: 5 g

Zupa serowa z klopsikami

Czas przygotowania: 5-10 MIN

Część: 12

Składniki:

- 1 funt chudej mielonej wołowiny
- 1 jajko
- ¼ szklanki LC chleba i mieszanki skórki
- 1 łyżeczka soli
- 1 łyżeczka oregano
- 1 łyżka stołowa posiekana pietruszka
- ½ łyżeczki czosnku w proszku
- ½ łyżeczki mielonego czarnego pieprzu
- Na zapas
- 2 szklanki bulionu wołowego
- ½ średniej pokrojonej w kostkę zielonej papryki
- ½ średniej czerwonej papryki pokrojonej w kostkę
- 1 łodyga selera, pokrojona w kostkę
- ½ szklanki pokrojonej w kostkę czerwonej cebuli
- 5 dużych pokrojonych w kostkę grzybów
- Sos serowy:
- 4 łyżki woda
- 4 łyżki bita śmietana
- 4 łyżki masło

- 8 plasterków sera amerykańskiego

1. Do miski włóż wołowinę, jajko, mieszankę chlebową, sól, oregano, natkę pietruszki, czosnek i pieprz i dobrze wymieszaj. Uformuj kulki o średnicy 2 cali i odłóż na bok.

2. Do szybkowaru włóż bulion wołowy, zieloną i czerwoną paprykę, seler, cebulę i grzyby, wymieszaj.

3. Włóż klopsiki do bulionu.

4. Umieść i zamknij pokrywę i ręcznie ustaw czas gotowania na 10 minut.

5. Gdy na zegarze pozostały 3 minuty, połącz wodę, śmietanę, masło i ser amerykański w misce nadającej się do kuchenki mikrofalowej.

6. Sos serowy podgrzewaj w kuchence mikrofalowej przez 2-3 minuty, aż się wymiesza, mieszając co 30 sekund.

7. Szybko zwolnij ciśnienie i dodaj sos serowy.

8. Podawać na gorąco.

Wartości odżywcze w porcji:

Kalorie: 419

Tłuszcz całkowity: 32 g

Węglowodany netto: 3,7 g

Białka: 27 g

Błonnik: 2 g

chowder z mięczaków

Czas przygotowania: 15 MIN

Część: 8

Składniki:

- 16 kawałków pokrojonego w kostkę boczku
- 1 szklanka cebuli (pokrojonej w kostkę
- 1 szklanka pokrojonych w kostkę łodyg selera
- 2 puszki fantazyjnych całych małży Baby
- 2 szklanki bulionu z kurczaka
- 2 szklanki gęstej śmietanki
- 1 łyżeczka tymianku
- 1 łyżeczka soli
- 1 łyżeczka mielonego czarnego pieprzu

Wskazania:

1. Ustaw garnek błyskawiczny na „Sauté" i dodaj boczek. Gotuj, aż będzie chrupiący, około 6-7 minut.
2. Dodaj cebulę i seler i smaż do miękkości, 2-3 minuty, od czasu do czasu mieszając.
3. Dodać wszystkie pozostałe składniki i wymieszać do połączenia.
4. Umieść i zamknij pokrywę i ręcznie ustaw czas gotowania na 5 minut pod wysokim ciśnieniem.
5. Po zakończeniu szybko zwolnij nacisk.

6. Podawać na gorąco.

Wartości odżywcze w porcji:

Kalorie: 427

Tłuszcz całkowity: 33 g

Węglowodany netto: 5 g

Białka: 27 g

Błonnik: 0 g

Kiełbasa Boczek i Pieczarki

Czas przygotowania: 5-10 MIN

Część: 14

Składniki:

- 4 szklanki bulionu z kurczaka

- 2 szklanki gęstej śmietanki

- 2 szklanki grzybów (pokrojonych w plasterki).

- 2 szklanki mielonej kiełbasy (gotowanej

- 6 pasków boczku (podsmażonych i pokruszonych

- 1 szklanka rzodkiewki Daikon (pokrojonej w kostkę

- ½ szklanki cebuli (pokrojonej w kostkę

- ½ szklanki czerwonej papryki (pokrojonej w kostkę

- ½ szklanki parmezanu

- 1 łyżka stołowa Suche liście pietruszki

- 1 łyżeczka sproszkowanego czosnku

- 1 łyżeczka soli

- 1 łyżeczka mielonego czarnego pieprzu

- ½ łyżeczki tymianku

1. Umieść wszystkie składniki w pojemniku Instant Pot.
2. Umieść i zamknij pokrywę i ręcznie ustaw czas gotowania na 5 minut pod wysokim ciśnieniem.
3. Po zakończeniu szybko zwolnij nacisk.
4. Podawać na gorąco.

Wartości odżywcze w porcji:

Kalorie: 316

Tłuszcz całkowity: 33 g

Węglowodany netto: 3 g

Białka: 14 g

Błonnik: 1 g

Zupa z indyka i daikon

Czas przygotowania: 5-10 MIN

Część: 12

Składniki:

- 1 funt chudego mielonego indyka (ugotowanego, odsączonego i pokruszonego
- 3 szklanki rzodkiewki Daikon (pokrojonej w kostkę
- 10 szklanek bulionu z kurczaka
- 2 szklanki gęstej śmietanki
- 2 szklanki mozzarelli (startej
- 4 szklanki mieszanki Antipasto Trail
- 1 łyżka stołowa Suche liście pietruszki
- 1 łyżka stołowa Suszony szczypiorek
- 1 łyżeczka soli
- 1 łyżeczka mielonego czarnego pieprzu
- 1 łyżeczka sproszkowanego czosnku

Wskazania:

1. Umieść wszystkie składniki w pojemniku Instant Pot.
2. Umieść i zamknij pokrywę i ręcznie ustaw czas gotowania na 5 minut pod wysokim ciśnieniem.
3. Po zakończeniu szybko zwolnij nacisk.
4. Podawać na gorąco.

Wartości odżywcze w porcji:

Kalorie: 232

Tłuszcz całkowity: 9,1 g

Węglowodany netto: 5,1 g

Białka: 13,2 g

Błonnik: 2,4 g

Przepis na wieprzowinę i warzywa

Czas przygotowania: 66 minut

Porcje: 8

Składniki:

- 2 funty wypasane kości wieprzowe
- 1/2 szklanki marchewki; posiekana
- 1/2 szklanki czerwonej papryki
- 1/2 łyżeczki całe ziarna czarnego pieprzu
- 8 szklanek wody
- 1 łyżeczka suszone liście laurowe
- 1 gałązka świeżej pietruszki
- 1/2 szklanki zielonej cebuli; posiekana
- 1 łodyga selera; pokroić na trzecie
- 1 mała cebula; obrane i przekrojone na pół
- 1 łyżeczka Sól koszerna

Wskazania:

1. Wlej wodę do Instant Pot.
2. Dodaj wszystkie składniki do wody. Zamknij pokrywkę garnka i obróć uchwyt zwalniający ciśnienie do pozycji *zamkniętej*.
3. Wybierz funkcję *Ręczny*; ustawić na wysokie ciśnienie i ustawić timer na 20 minut

4. Kiedy to zabrzmi; *Wypuść* parę naturalnie na 10 minut i otwórz pokrywkę garnka

5. Przygotowany bulion przecedź przez sitko, usuń wszystkie składniki stałe, usuń tłuszcz z powierzchni i podawaj na gorąco.

Przepis na rosół z kurczaka

Czas przygotowania: 66 minut

Porcje: 8

Składniki:

- 2½ funta. tuszka z kurczaka
- 1/2 łyżeczki całe ziarna czarnego pieprzu
- 10 szklanek wody
- 1 gałązka świeżej pietruszki
- 1 łodyga selera; pokroić na trzecie
- 1 mała cebula; obrane i przekrojone na pół
- 1 łyżeczka suszone liście laurowe
- 1 łyżeczka Sól koszerna

1. Wlej wodę do Instant Pot.

2. Dodaj wszystkie składniki do wody

3. Zamocuj pokrywę. Obróć uchwyt zwalniający ciśnienie do pozycji *zamkniętej*.

4. Wybierz funkcję *Ręczny*. Włącz wysokie ciśnienie i dostosuj czas do 60 minut

5. Kiedy to zabrzmi; *Wypuść* parę naturalnie na 10 minut i otwórz pokrywkę garnka.

6. Przygotowany bulion przecedź przez sitko, usuń pozostałości, usuń tłuszcz z powierzchni i podawaj na gorąco.

Fantastyczny deser bananowy

Czas przygotowania: 10 minut

Czas gotowania: 30 minut

Porcje: 4

Składniki:

- Sok z ½ cytryny
- 2 łyżki stewii
- 3 gramy wody
- 1 łyżka oleju kokosowego
- 4 banany, obrane i pokrojone w plasterki

- ½ łyżeczki nasion kardamonu

Wskazania:

1. Włóż banany, stewię, wodę, olej, sok z cytryny i kardamon do Instant Pot, trochę zamieszaj, przykryj i gotuj na wysokim poziomie przez 30 minut, od czasu do czasu mieszając garnek
2. Rozłóż do misek i podawaj.
3. Cieszyć się!

Wartości odżywcze na porcję: kalorie 87, tłuszcz 1, błonnik 2, węglowodany 3, białko 3

Deser rabarbarowy

Czas przygotowania: 10 minut

Czas gotowania: 5 minut

Porcje: 4

Składniki:

- 5 szklanek posiekanego rabarbaru
- 2 łyżki roztopionego ghee
- 1/3 szklanki wody
- 1 łyżka stewii

- 1 łyżeczka ekstraktu waniliowego

Wskazania:

1. Do garnka włóż rabarbar, ghee, wodę, stewię i ekstrakt waniliowy, przykryj i gotuj na dużym ogniu przez 5 minut.
2. Rozłóż do małych miseczek i podawaj na zimno.
3. Cieszyć się!

Wartości odżywcze na porcję: kalorie 83, tłuszcz 2, błonnik 1, węglowodany 2, białko 2

Rozkosz śliwek

Czas przygotowania: 10 minut

Czas gotowania: 5 minut

Porcje: 10

Składniki:

- 4 funty śliwek, wypestkowanych i pokrojonych
- 1 szklanka wody
- 2 łyżki stewii
- 1 łyżeczka cynamonu, sproszkowanego
- ½ łyżeczki kardamonu, mielonego

Wskazania:

1. Do garnka włóż śliwki, wodę, stewię, cynamon i kardamon, przykryj i gotuj na dużym ogniu przez 5 minut.
2. Dobrze wymieszaj, trochę ubij blenderem zanurzeniowym, rozlej do małych szklanek i podawaj.
3. Cieszyć się!

Wartości odżywcze na porcję: kalorie 83, tłuszcz 0, błonnik 1, węglowodany 2, białko 5

Orzeźwiające danie owocowe

Czas przygotowania: 10 minut

Czas gotowania: 10 minut

Porcje: 4

Składniki:

- 1 ½ funta śliwek, wypestkowanych i przekrojonych na pół
- 2 łyżki stewii
- 1 łyżka sproszkowanego cynamonu
- 2 jabłka, obrane, wydrążone i pokrojone w kostkę
- 2 łyżki startej skórki z cytryny
- 2 łyżeczki octu balsamicznego
- 1 szklanka ciepłej wody

Wskazania:

- Umieść śliwki, wodę, jabłka, stewię, cynamon, skórkę z cytryny i ocet w rondlu, przykryj i gotuj na dużym ogniu przez 10 minut.
- Ponownie dobrze wymieszaj, rozlej do małych filiżanek i podawaj na zimno.

Wartości odżywcze na porcję: kalorie 73, tłuszcz 0, błonnik 1, węglowodany 2, białko 4

Gulasz deserowy

Czas przygotowania: 10 minut

Czas gotowania: 6 minut

Porcje: 6

Składniki:

- 14 śliwek, usunąć pestki i przekroić na pół
- 2 łyżki stewii
- 1 łyżeczka sproszkowanego cynamonu
- ¼ szklanki wody
- 2 łyżki proszku aretowego

Wskazania:

1. Do garnka włóż śliwki, stewię, cynamon, wodę i korzeń, przykryj i gotuj na dużym ogniu przez 6 minut.
2. Rozlać do małych szklanek i podawać na zimno.
3. Cieszyć się!

Wartości odżywcze na porcję: kalorie 83, tłuszcz 0, błonnik 1, węglowodany 2, białko 2

Oryginalne desery owocowe

Czas przygotowania: 10 minut

Czas gotowania: 10 minut

Porcje: 10

Składniki:

- 3 szklanki kawałków ananasa z puszki, odsączonych
- 3 szklanki wiśni z puszki, odsączonych
- 2 szklanki moreli z puszki, przekrojonych na pół i odsączonych
- 2 szklanki plasterków brzoskwiń z puszki, odsączonych
- 3 szklanki naturalnego kompotu jabłkowego
- 2 szklanki mandarynek z puszki, odsączonych
- 2 łyżki stewii
- 1 łyżeczka sproszkowanego cynamonu

Wskazania:

1. Umieść ananasa, wiśnie, morele, brzoskwinie, mus jabłkowy, pomarańcze, cynamon i stewię w garnku, przykryj i gotuj na wysokim poziomie przez 10 minut.
2. Rozłóż do małych miseczek i podawaj na zimno.
3. Cieszyć się!

Wartości odżywcze na porcję: kalorie 120, tłuszcz 1, błonnik 2, węglowodany 3, białko 2

Pyszne jabłka i cynamon

Czas przygotowania: 10 minut

Czas gotowania: 10 minut

Porcje: 8

Składniki:

- 1 łyżeczka sproszkowanego cynamonu
- 12 gramów jabłek obranych i pokrojonych
- 2 łyżki mąki lnianej rozmieszane z 1 łyżką wody
- ½ szklanki kremu kokosowego
- 3 łyżki stewii
- ½ łyżeczki gałki muszkatołowej
- 2 łyżeczki ekstraktu waniliowego

- 1/3 szklanki posiekanych orzechów pekan

Wskazania:

1. W garnku błyskawicznym wymieszaj mąkę lnianą z kremem kokosowym, wanilią, gałką muszkatołową, stewią, jabłkami i cynamonem, lekko zamieszaj, przykryj i gotuj na dużym ogniu przez 10 minut.
2. Podzielić do misek, posypać orzechami pekan i podawać.
3. Cieszyć się!

Wartości odżywcze na porcję: kalorie 120, tłuszcz 3, błonnik 2, węglowodany 3, białko 3

Szalenie pyszny budyń

Czas przygotowania: 10 minut

Czas gotowania: 35 minut

Porcje: 6

Składniki:

- 1 mandarynka, pokrojona w plasterki
- Sok z 2 mandarynek
- 3 łyżki stewii
- 4 gramy roztopionego ghee
- ½ szklanki wody
- 2 łyżki mąki lnianej
- ¾ szklanki mąki kokosowej
- 1 łyżeczka proszku do pieczenia
- ¾ szklanki migdałów, zmielonych

- Spray do smażenia na oliwie z oliwek

1. Formę do pieczenia natłuszczamy, na spód układamy pokrojoną w plasterki mandarynkę i odstawiamy.

2. W misce wymieszaj ghee ze stewią, siemieniem lnianym, migdałami, sokiem z mandarynki, mąką i drożdżami, wymieszaj i rozłóż na plasterkach mandarynki.

3. Dodaj wodę do garnka Instant Pot, umieść na nim podstawę, dodaj formę, przykryj i gotuj na wysokim poziomie przez 35 minut.

4. Pozostawić do ostygnięcia, pokroić w plasterki i podawać.

5. Cieszyć się!

Wartości odżywcze na porcję: kalorie 200, tłuszcz 2, błonnik 2, węglowodany 3, białko 4

Fantastyczny budyń jagodowy

Czas przygotowania: 10 minut

Czas gotowania: 35 minut

Porcje: 6

Składniki:

- 1 szklanka mąki migdałowej
- 2 łyżki soku z cytryny
- 2 szklanki jagód
- 2 łyżeczki proszku do pieczenia
- ½ łyżeczki gałki muszkatołowej, zmielonej
- ½ szklanki mleka kokosowego
- 3 łyżki stewii
- 1 łyżka mąki lnianej wymieszana z 1 łyżką wody
- 3 łyżki roztopionego ghee
- 1 łyżeczka ekstraktu waniliowego
- 1 łyżka proszku aret
- 1 szklanka zimnej wody

- W natłuszczonym, żaroodpornym naczyniu wymieszaj jagody z sokiem z cytryny, lekko je wymieszaj i rozłóż na dnie.

- W misce wymieszaj mąkę z gałką muszkatołową, stewią, proszkiem do pieczenia, wanilią, ghee, siemieniem lnianym, maranta i mlekiem, dobrze wymieszaj i posmaruj jagodami

- Wlej wodę do garnka Instant Pot, dodaj podstawę i naczynie żaroodporne, przykryj i gotuj na wysokim poziomie przez 35 minut.

- Pozostaw budyń do ostygnięcia, przełóż do miseczek deserowych i podawaj.

- Cieszyć się!

Wartości odżywcze na porcję: kalorie 220, tłuszcz 4, błonnik 4, węglowodany 9, białko 6

Zimowy deser owocowy

Czas przygotowania: 10 minut

Czas gotowania: 15 minut

Porcje: 6

Składniki:

- 1 litr wody
- 2 łyżki stewii
- 1 funt mieszanki jabłek, gruszek i jagód
- 5-gwiazdkowy anyż
- Szczypta goździków, zmielonych
- 2 laski cynamonu
- Skórka otarta z 1 pomarańczy
- Skórka otarta z 1 cytryny

Wskazania:

1. Do garnka włóż wodę, stewię, jabłka, gruszki, jagody, anyż gwiazdkowaty, cynamon, skórkę pomarańczową i cytrynową oraz goździki, przykryj i gotuj na dużym ogniu przez 15 minut
2. Podawać na zimno.
3. Cieszyć się!

Wartości odżywcze w porcji: Kalorie 98, tłuszcz 0, błonnik 0, węglowodany 0, białko 2

Kolejny deser

Czas przygotowania: 10 minut

Czas gotowania: 4 minuty

Porcje: 2

Składniki:

- 2 szklanki soku pomarańczowego
- 4 gruszki obrane, pozbawione gniazd nasiennych i pokrojone na średniej wielkości kawałki
- 5 strąków kardamonu
- 2 łyżki stewii
- 1 laska cynamonu
- 1 mały kawałek imbiru, starty

Wskazania:

1. Do garnka włóż gruszki, kardamon, sok pomarańczowy, stewię, cynamon i imbir, przykryj i gotuj na dużym ogniu przez 4 minuty.
2. Rozłóż do małych miseczek i podawaj na zimno.
3. Cieszyć się!

Wartości odżywcze na porcję: Kalorie 100, tłuszcz 0, błonnik 1, węglowodany 1, białko 2

Pomarańczowy deser

Czas przygotowania: 10 minut

Czas gotowania: 30 minut

Porcje: 4

Składniki:

- 1 i ¾ szklanki wody
- 1 łyżeczka proszku do pieczenia
- 1 szklanka mąki kokosowej
- 2 łyżki stewii
- ½ łyżeczki cynamonu w proszku
- 3 łyżki roztopionego oleju kokosowego
- ½ szklanki mleka kokosowego
- ½ szklanki posiekanych orzechów pekan
- ½ szklanki rodzynek
- ½ szklanki startej skórki pomarańczowej
- ¾ szklanki soku pomarańczowego

Wskazania:

1. W misce wymieszaj mąkę ze stewią, proszkiem do pieczenia, cynamonem, 2 łyżkami oleju, mlekiem, orzechami pekan i rodzynkami, wymieszaj i przełóż do natłuszczonej, żaroodpornej formy.

2. Rozgrzej małą patelnię na średnim ogniu, wymieszaj ¾ szklanki wody z sokiem pomarańczowym, skórką pomarańczową i pozostałą oliwą, zamieszaj, zagotuj i wlej orzechy pekan

3. Wlej 1 szklankę wody do Instant Pot, dodaj podstawę, włóż żaroodporne naczynie, przykryj i gotuj na dużym ogniu przez 30 minut.

4. Podawać na zimno.

5. Cieszyć się!

Wartości odżywcze na porcję: kalorie 142, tłuszcz 3, błonnik 1, węglowodany 3, białko 3

Świetne desery dyniowe

Czas przygotowania: 10 minut

Czas gotowania: 30 minut

Porcje: 10

Składniki:

- 1 i ½ łyżeczki proszku do pieczenia
- 2 szklanki mąki kokosowej
- ½ łyżeczki sody oczyszczonej
- ¼ łyżeczki gałki muszkatołowej, zmielonej
- 1 łyżeczka sproszkowanego cynamonu
- ¼ łyżeczki startego imbiru
- 1 łyżka roztopionego oleju kokosowego
- 1 białko jaja
- 1 łyżka ekstraktu waniliowego
- 1 szklanka puree z dyni
- 2 łyżki stewii
- 1 łyżeczka soku z cytryny
- 1 szklanka wody

Wskazania:

1. W misce wymieszaj mąkę z proszkiem do pieczenia, sodą oczyszczoną, cynamonem, imbirem, gałką muszkatołową, olejem, białkiem jaja, ghee, ekstraktem waniliowym, puree z dyni, stewią i sokiem z cytryny, dobrze wymieszaj i przełóż na natłuszczoną patelnię.

2. Do Instant Pot wlej wodę, dodaj obrusy, dodaj foremkę, przykryj i gotuj na dużym ogniu przez 30 minut.

3. Pozostaw ciasto do ostygnięcia, pokrój i podawaj.

4. Cieszyć się!

Wartości odżywcze na porcję: kalorie 180, tłuszcz 3, błonnik 2, węglowodany 3, białko 4

Pyszne pieczone jabłka

Porcje: 6

Czas gotowania: 14 minut

Składniki:

- 6 jabłek obranych i pokrojonych w kostkę
- ¼ łyżeczki gałki muszkatołowej
- 1 łyżeczka cynamonu
- 1/3 szklanki miodu
- 1 szklanka czerwonego wina
- ¼ szklanki posiekanych orzechów pekan
- ¼ szklanki rodzynek

Wskazania:

1. Dodaj wszystkie składniki do Instant Pot i dobrze wymieszaj.
2. Zamknij garnek pokrywką i gotuj w trybie ręcznym przez 4 minuty.
3. Pozwól, aby ciśnienie opadło w sposób naturalny przez 10 minut, a następnie zwolnij je, stosując metodę szybkiego uwalniania.
4. Dobrze wymieszaj i podawaj.

Wartości odżywcze w porcji:

Kalorie: 233; Węglowodany: 52,7 g; Białka: 1 g; Tłuszcz: 1,3 g; Cukier: 42,6 g; Sód: 5 mg

Wilgotne Brownie Dyniowe

Porcje: 16

Czas gotowania: 40 minut

Składniki:

- 3 jajka
- 1 łyżeczka przyprawy do ciasta dyniowego
- ¾ szklanki kakao w proszku
- ¼ szklanki cukru palmowego
- ¼ szklanki syropu klonowego
- ½ szklanki puree z dyni
- ¼ szklanki oleju kokosowego
- Szczypta soli

1. Spryskaj naczynie do pieczenia sprayem kuchennym i odłóż na bok.

2. Dodaj wszystkie składniki do dużej miski i dobrze wymieszaj, aby je połączyć. Ciasto wlać do przygotowanej formy do pieczenia.

3. Wlej 1 szklankę wody do Instant Pot i postaw w garnku stół.

4. Na dnie umieść naczynie do pieczenia.

5. Zamknij garnek pokrywką i gotuj na dużym ogniu przez 40 minut.

6. Zwolnij ciśnienie, stosując metodę szybkiego uwalniania, niż otwierając pokrywę.

7. Wyjmij naczynie z garnka i pozostaw do całkowitego ostygnięcia.

8. Pokrój na kawałki i podawaj.

Wartości odżywcze w porcji:

Kalorie: 77; Węglowodany: 9,3 g; Białka: 1,9 g; Tłuszcz: 4,8 g; Cukier: 5,6 g; Sód: 32 mg

Krem cytrynowy

Porcje: 4

Czas gotowania: 11 minut

Składniki:

- 4 jajka
- 1 łyżeczka ekstraktu z cytryny
- 2/3 szklanki cukru
- 2 łyżeczki skórki cytrynowej
- 2 ½ szklanki mleka

Wskazania:

1. Dodaj skórkę z cytryny i mleko do rondla i podgrzej na średnim ogniu. Doprowadzić do wrzenia i ciągle mieszać.
2. Gdy mleko zacznie się gotować, zdejmij je z ognia. Pozostawić do ostygnięcia na 15 minut.
3. Mleko przelej przez sitko do miski.
4. W drugiej misce ubijaj jajka z ekstraktem cytrynowym przez 2-3 minuty.
5. Powoli wlewaj mleko do masy jajecznej i mieszaj, aż masa będzie gładka i kremowa.
6. Wlać mieszaninę do 4 foremek i przykryć każdą folią aluminiową.

7. Wlej 2 szklanki wody do Instant Pot i postaw w garnku stół.

8. Połóż ramekiny na wierzchu podstawy.

9. Zamknij garnek pokrywką i gotuj na dużym ogniu przez 8 minut.

10. Zwolnij ciśnienie, stosując metodę szybkiego uwalniania, niż otwierając pokrywę.

11. Wyjmij ramekiny z garnka i poczekaj, aż całkowicie ostygną.

12. Włóż krem do lodówki na 2 godziny.

13. Podawaj na zimno i delektuj się.

Wartości odżywcze w porcji:

Kalorie: 268; Węglowodany: 41,5 g; Białka: 10,6 g; Tłuszcz: 7,5 g; Cukier: 40,7 g; Sód: 134 mg

Budyń Dyniowy

Porcje: 4

Czas gotowania: 14 minut

Składniki:

- 4 szklanki pokrojonej w kostkę dyni
- 1 łyżka rodzynek
- ½ łyżeczki kardamonu w proszku
- ½ szklanki suszonego kokosa
- 10 łyżek brązowego cukru
- ½ szklanki mleka migdałowego
- 2 łyżki ghee

1. Dodaj ghee do garnka błyskawicznego i ustaw garnek na tryb smażenia.

2. Dodać dynię i smażyć 2-3 minuty. Dodaj mleko migdałowe i dobrze wymieszaj.

3. Zamknij garnek pokrywką i gotuj na dużym ogniu przez 5 minut.

4. Zwolnij ciśnienie, stosując metodę szybkiego uwalniania, niż otwierając pokrywę.

5. Zmiksuj dynię z puree ziemniaczanym.

6. Dodaj cukier i gotuj w trybie smażenia przez 2-3 minuty.

7. Dodać resztę składników, dobrze wymieszać i smażyć przez 2-3 minuty.

8. Podawaj na ciepło i ciesz się smakiem.

Wartości odżywcze w porcji:

Kalorie: 301; Węglowodany: 14,2 g; Białka: 3,5 g; Tłuszcz: 14,2 g; Cukier: 32,3 g; Sód: 23 mg

Zwykły krem jogurtowy

Porcje: 6

Czas gotowania: 40 minut

Składniki:

- 1 szklanka jogurtu greckiego
- 2 łyżeczki kardamonu w proszku
- 1 szklanka mleka
- 1 szklanka skondensowanego mleka

1. Dodaj wszystkie składniki do żaroodpornej miski i mieszaj, aż dobrze się połączą. Przykryj miskę folią aluminiową.
2. Wlej 2 szklanki wody do Instant Pot i postaw w garnku stół.
3. Umieść miskę na górze podstawy. Zamknij garnek pokrywką i gotuj na dużym ogniu przez 20 minut.
4. Pozwól, aby ciśnienie opadło w sposób naturalny przez 20 minut, a następnie zwolnij je, stosując metodę szybkiego uwalniania.
5. Zdjąć miskę z patelni i pozostawić do całkowitego ostygnięcia.
6. Miskę z kremem wkładamy do lodówki na 1 godzinę.
7. Podawaj na zimno i delektuj się.

Wartości odżywcze w porcji:

Kalorie: 215; Węglowodany: 33,1 g; Białka: 7,8 g; Tłuszcz: 5,8 g; Cukier: 32,4 g; Sód: 113 mg

Budyń z cukinii

Porcje: 4

Czas gotowania: 20 minut

Składniki:

- 2 szklanki startej cukinii
- ½ łyżeczki kardamonu w proszku
- 1/3 szklanki cukru
- 5 uncji pół na pół
- 5 uncji mleka

Wskazania:

1. Dodaj wszystkie składniki oprócz kardamonu do szybkowaru i dobrze wymieszaj.
2. Zamknij garnek pokrywką i gotuj na dużym ogniu przez 10 minut.
3. Pozwól, aby ciśnienie opadło w sposób naturalny przez 10 minut, a następnie zwolnij je, stosując metodę szybkiego uwalniania.
4. Dodaj kardamon i dobrze wymieszaj.
5. Podawaj i ciesz się.

Wartości odżywcze w porcji:

Kalorie: 136; Węglowodany: 22 g; Białka: 2,9 g; Tłuszcz: 4,9 g; Cukier: 19,3 g; Sód: 37 mg

Pyszna Pina Colada

Porcje: 8

Czas gotowania: 12 minut

Składniki:

- 1 szklanka ryżu arborio
- 1 łyżka cynamonu
- 5 uncji puszki ananasa, zmiażdżonego
- uncja mleka kokosowego
- 1 szklanka skondensowanego mleka
- 1 ½ szklanki wody

Wskazania:

1. Dodaj ryż i wodę do szybkowaru i dobrze wymieszaj.
2. Zamknij garnek pokrywką i gotuj na wolnym ogniu przez 12 minut.
3. Zwolnij ciśnienie, stosując metodę szybkiego uwalniania, niż otwierając pokrywę.
4. Dodaj resztę składników i dobrze wymieszaj.
5. Podawaj i ciesz się.

Wartości odżywcze w porcji:

Kalorie: 330; Węglowodany: 45,4 g; Białka: 5,8 g; Tłuszcz: 14,9 g; Cukier: 24,2 g; Sód: 59 mg

Karmelowy jabłecznik

Porcje: 8

Czas gotowania: 35 minut

Składniki:

- Nadzienie owocowe jabłkowe 21 uncji
- ¼ szklanki syropu karmelowego
- ½ szklanki masła, pokrojonego w plasterki
- 15 uncji mieszanki żółtego ciasta

Wskazania:

1. Spryskaj naczynie do pieczenia sprayem kuchennym. Na dnie naczynia do zapiekania rozsmaruj nadzienie jabłkowe.
2. Dodać syrop karmelowy i wymieszać do pokrycia.
3. Na wierzch połóż mieszankę żółtego ciasta i plasterki masła.
4. Wlej 1 szklankę wody do Instant Pot i postaw w garnku stół.
5. Na dnie umieść naczynie do pieczenia.
6. Zamknij garnek pokrywką i gotuj na dużym ogniu przez 35 minut.
7. Zwolnij ciśnienie, stosując metodę szybkiego uwalniania, niż otwierając pokrywę.
8. Podawaj i ciesz się.

Ryż z mlekiem jabłkowym

Porcje: 8

Czas gotowania: 15 minut

Składniki:

- ¾ szklanki ryżu arborio
- 1 łyżeczka cynamonu
- 1 laska cynamonu
- 1 łyżeczka wanilii
- ¼ jabłka, obranego i pokrojonego
- 2 łodygi rabarbaru, posiekane
- ½ szklanki wody
- 1 ½ szklanki mleka

Wskazania:

1. Dodaj wszystkie składniki do Instant Pot i dobrze wymieszaj.
2. Zamknij garnek pokrywką i gotuj w trybie ręcznym przez 15 minut.
3. Zwolnij ciśnienie, stosując metodę szybkiego uwalniania, niż otwierając pokrywę.
4. Dobrze wymieszaj i podawaj.

Wartości odżywcze w porcji:

Kalorie: 96; Węglowodany: 18,3 g; Białka: 2,8 g; Tłuszcz: 1,1 g; Cukier: 3 g; Sód: 24 mg

Wegański budyń z risotto kokosowym

Porcje: 6

Czas gotowania: 30 minut

Składniki:

- ¾ szklanki ryżu arborio
- ¼ szklanki syropu klonowego
- 1 ½ szklanki wody
- ½ szklanki wiórków kokosowych
- 1 łyżeczka soku z cytryny
- ½ łyżeczki wanilii
- Puszka mleka kokosowego o pojemności 15 uncji

Wskazania:

1. Dodaj wszystkie składniki do Instant Pot i dobrze wymieszaj.
2. Zamknij garnek pokrywką i gotuj w trybie ręcznym przez 20 minut.
3. Pozwól, aby ciśnienie opadło w sposób naturalny przez 10 minut, a następnie zwolnij je, stosując metodę szybkiego uwalniania.

4. Dokładnie wymieszaj i za pomocą miksera utrzyj budyń na gładką masę.

5. Podawaj i ciesz się.

Wartości odżywcze w porcji:

Kalorie: 284; Węglowodany: 30,8 g; Białka: 3,3 g; Tłuszcz: 17,5 g; Cukier: 8,3 g; Sód: 15 mg

Budyń waniliowy z awokado

Porcje: 2

Czas gotowania: 3 minuty

Składniki:

- 1/2 awokado, pokrojonego w kostkę
- 1 łyżeczka proszku agarowego
- 1/4 szklanki kremu kokosowego
- 1 szklanka mleka kokosowego
- 2 łyżeczki z powrotem
- 1 łyżeczka wanilii

Wskazania:

1. Do blendera dodaj śmietankę kokosową i awokado i miksuj na gładką masę. odłożyć

2. W dużej misce wymieszaj mleko kokosowe, wanilię, porcję i proszek agarowy. Mieszaj, aż dobrze się połączą.

3. Dodaj śmietankę kokosową i mieszaninę awokado i dobrze wymieszaj.

4. Wlać mieszaninę do żaroodpornej miski.

5. Do garnka Instant Pot wlej szklankę wody, a następnie umieść w nim bieżnik.

6. Umieść miskę na górze podstawy.

7. Zamknij garnek pokrywką i pozwól mu parzyć przez 3 minuty.

8. Zwolnij ciśnienie, stosując metodę szybkiego uwalniania, niż otwierając pokrywę.

9. Zdjąć miskę z patelni i pozostawić do całkowitego ostygnięcia.

10. Włóż miskę do lodówki na 1 godzinę.

11. Podawaj i ciesz się.

Wartości odżywcze w porcji:

Kalorie: 308; Węglowodany: 27,9 g; Białka: 2,1 g; Tłuszcz: 21,8 g; Cukier: 19,6 g; Sód: 32 mg

Risotto waniliowo-migdałowe

Porcje: 4

Czas gotowania: 15 minut

Składniki:

- 1 szklanka ryżu arborio
- 1 szklanka mleka kokosowego
- 2 szklanki niesłodzonego mleka migdałowego
- 1/4 szklanki pokrojonych migdałów
- 2 łyżeczki ekstraktu waniliowego
- 1/3 szklanki cukru

Wskazania:

1. Dodaj migdały i mleko kokosowe do Instant Pot i dobrze wymieszaj.
2. Zamknij garnek pokrywką i gotuj na dużym ogniu przez 5 minut.
3. Pozwól, aby ciśnienie opadło w sposób naturalny przez 10 minut, a następnie zwolnij je, stosując metodę szybkiego uwalniania.
4. Wymieszaj ekstrakt waniliowy i słodzik.
5. Podawaj i ciesz się.

Wartości odżywcze w porcji:

Kalorie: 432; Węglowodany: 60,3 g; Białka: 6,3 g; Tłuszcz: 19,3 g; Cukier: 19,2 g; Sód: 102 mg

Twaróg kokosowo-malinowy

Czas przygotowania: 20 minut + czas chłodzenia

Porcje 4

Wartości odżywcze w porcji: 334 kalorie; 32,9 g tłuszczu; 6,6 g węglowodanów ogółem; 2,9 g białka; 3,6 g cukru

Składniki

- 4 gramy zmiękczonego oleju kokosowego
- 3/4 szklanki Swinga
- 4 żółtka, ubite
- 1/2 szklanki jagód
- 1 łyżeczka startej skórki z cytryny
- 1/2 łyżeczki ekstraktu waniliowego
- 1/2 łyżeczki anyżu gwiazdkowatego, mielonego

Wskazania

1. Wymieszaj olej kokosowy i zmiel w robocie kuchennym.
2. Stopniowo dodawaj jajka; kontynuować miksowanie jeszcze przez 1 minutę.
3. Teraz dodaj jagody, skórkę z cytryny, wanilię i anyż gwiazdkowaty. Rozdziel mieszaninę pomiędzy cztery słoiki Mason i przykryj je pokrywkami.
4. Dodaj 1 ½ szklanki wody i metalową podstawkę do Instant Pot. Teraz opuść okulary do uchwytu.

5. Zamocuj pokrywę. Wybierz tryb „Ręczny" i Wysokie ciśnienie; gotować 15 minut. Po zakończeniu przygotowania użyj naturalnego środka zmniejszającego ciśnienie; ostrożnie zdejmij nasadkę. Służyć

6. Włożyć do lodówki do czasu podania. Smacznego!

Prosty mus czekoladowy

Czas przygotowania: 20 minut + czas chłodzenia

Porcje 6

Wartości odżywcze w porcji: 205 kalorii; 18,3 g tłuszczu; 5,2 g węglowodanów ogółem; 3,2 g białka; 2,6 g cukru

Składniki

- 1 szklanka pełnego mleka
- 1 szklanka gęstej śmietanki
- 4 żółtka, ubite
- 1/3 szklanki cukru
- 1/4 łyżeczki startej gałki muszkatołowej
- 1/4 łyżeczki mielonego cynamonu
- 1/4 szklanki niesłodzonego kakao w proszku

1. W małym rondlu zagotuj mleko i śmietanę.
2. Pozostałe składniki dobrze wymieszaj w misce. Dodaj tę mieszankę jajeczną do gorącej mieszanki mlecznej.
3. Wlać mieszaninę do ramekinów.
4. Dodaj 1 ½ szklanki wody i metalową podstawkę do Instant Pot. Teraz opuść kokilki na ruszt.
5. Zamocuj pokrywę. Wybierz tryb „Ręczny" i Wysokie ciśnienie; gotować 10 minut. Po zakończeniu przygotowania użyj naturalnego środka zmniejszającego ciśnienie; ostrożnie zdejmij nasadkę. Służyć
6. Podawaj na zimno i ciesz się smakiem!

Najlepszy tropikalny deser wszechczasów

Czas przygotowania: 15 minut + czas chłodzenia

Porcje 4

Wartości odżywcze w porcji: 118 kalorii; 8,2 g tłuszczu; 6,6 g węglowodanów ogółem; 3,7 g białka; 2,6 g cukru

Składniki

- 3 żółtka, dobrze ubite
- 1/3 szklanki Swinga
- 1/4 szklanki wody
- 3 łyżki kakao w proszku, bez cukru
- 3/4 szklanki śmietany do ubijania
- 1/3 szklanki mleka kokosowego
- 1/4 szklanki wiórków kokosowych
- 1 łyżeczka esencji waniliowej
- Szczypta startej gałki muszkatołowej
- Szczypta soli

1. Umieść jajko w misce.

2. Podgrzej Swerve, wodę i proszek kakaowy na patelni i dobrze wymieszaj.

3. Teraz dodaj śmietanę i mleko; gotować, aż się rozgrzeje. Dodać wiórki kokosowe, wanilię, gałkę muszkatołową i sól.

4. Teraz powoli wlewaj masę czekoladową do miski z żółtkami. Dokładnie wymieszać i wlać do kokilek.

5. Dodaj 1 ½ szklanki wody i metalową podstawkę do Instant Pot. Teraz opuść kokilki na ruszt.

6. Zamocuj pokrywę. Wybierz tryb „Ręczny" i Wysokie ciśnienie; gotować przez 8 minut. Po zakończeniu gotowania użyj szybkiego zwolnienia ciśnienia; ostrożnie zdejmij nasadkę.

7. Włożyć do lodówki do czasu podania. Smacznego!

Krem z migdałami i czekoladą

Czas przygotowania: 15 minut

Porcje 4

Wartości odżywcze w porcji: 401 kalorii; 37,1 g tłuszczu; 5,2 g węglowodanów ogółem; 9,1 g białka; 1,7 g cukru

Składniki

- 2 szklanki gęstej śmietanki
- 1/2 szklanki wody
- 4 jajka
- 1/3 szklanki Swinga
- 1 łyżeczka ekstraktu migdałowego
- 1 łyżeczka ekstraktu waniliowego
- 1/3 szklanki migdałów, zmielonych
- 2 łyżki oleju kokosowego, temperatura pokojowa
- 4 łyżki kakao
- 2 łyżki żelatyny

1. Zacznij od dodania 1 ½ szklanki wody i metalowego stojaka do Instant Pot.

2. Połącz śmietanę, wodę, jajka, Swerve, ekstrakt migdałowy, ekstrakt waniliowy i migdały w robocie kuchennym.

3. Dodaj pozostałe składniki i miksuj przez kolejną minutę.

4. Rozdzielić mieszaninę pomiędzy cztery słoiki Mason; przykryj słoiki pokrywkami. Opuść szklanki na stojak.

5. Zamocuj pokrywę. Wybierz tryb „Ręczny" i Wysokie ciśnienie; gotować przez 7 minut. Po zakończeniu przygotowania użyj naturalnego środka zmniejszającego ciśnienie; ostrożnie zdejmij nasadkę. Smacznego!

Ciasto cynamonowe

Czas przygotowania: 15 minut

Porcje 6

Wartości odżywcze w porcji: 263 kalorie; 21,2 g tłuszczu; 3,2 g węglowodanów ogółem; 10,5 g białka; 2,8 g cukru

Składniki

- 6 jaj
- 1 szklanka huśtawki
- 1 ½ szklanki podwójnej śmietanki
- 1/2 szklanki wody
- 3 łyżki ciemnego rumu
- Szczypta soli
- Szczypta świeżo startej gałki muszkatołowej
- 1/4 łyżeczki mielonego cynamonu
- 1 łyżeczka ekstraktu waniliowego

1. Zacznij od dodania 1 ½ szklanki wody i metalowego stojaka do Instant Pot.

2. W misce dobrze wymieszaj jajka i zamieszaj. Dodać śmietanę, wodę, rum, sól, gałkę muszkatołową, cynamon i ekstrakt waniliowy.

3. Wlać mieszaninę do naczynia żaroodpornego. Opuść talerz na ruszt.

4. Zamocuj pokrywę. Wybierz tryb „Ręczny" i Wysokie ciśnienie; gotować 10 minut. Po zakończeniu przygotowania użyj naturalnego środka zmniejszającego ciśnienie; ostrożnie zdejmij nasadkę.

5. Podawaj na zimno i ciesz się smakiem!

Pyszne ciasto do góry nogami

Czas przygotowania: 35 minut

Porcje 5

Wartości odżywcze w porcji: 193 kalorie; 17,9 g tłuszczu; 5,1 g węglowodanów ogółem; 1,2 g białka; 2,4 g cukru

Składniki

- 1/2 funta malin
- 1 ½ łyżki soku z cytryny
- 1 szklanka mąki kokosowej
- 2 łyżki mąki maniokowej
- 1/2 łyżeczki proszku do pieczenia
- 1/8 łyżeczki soli morskiej
- 1/4 szklanki roztopionego oleju kokosowego
- 1 łyżka sproszkowanego owocu mnicha
- 1/2 łyżeczki mielonego cynamonu
- 1/4 łyżeczki startej gałki muszkatołowej
- 1/2 łyżeczki skórki pomarańczowej
- 1 łyżeczka pasty waniliowej
- 1 ½ łyżeczki proszku agarowego

1. Dodaj 1 ½ szklanki wody i metalową podstawkę do Instant Pot.

2. W misce dobrze wymieszaj maliny i sok z cytryny. Na dnie formy rozłóż maliny.

3. W drugiej misce dobrze wymieszaj mąkę kokosową, mąkę maniokową, proszek do pieczenia i sól morską.

4. W trzeciej misce wymieszaj olej kokosowy, proszek z owoców mnicha, cynamon, gałkę muszkatołową, skórkę pomarańczową i wanilię. Dodaj proszek agarowy i mieszaj, aż wszystko się dobrze połączy.

5. Składniki płynne wlać do składników suchych i wymieszać na ciasto, spłaszczając je w okrąg.

6. Ciasto wyłóż na blachę do pieczenia i przykryj malinami. Przykryj patelnię arkuszem folii aluminiowej.

7. Opuść patelnię na metalowy stojak.

8. Zamocuj pokrywę. Wybierz tryb „Ręczny" i Wysokie ciśnienie; gotować przez 27 minut. Po zakończeniu przygotowania użyj naturalnego środka zmniejszającego ciśnienie; ostrożnie zdejmij nasadkę.

9. Na koniec obróć tortownicę do góry dnem i połóż ją na talerzu. Cieszyć się!

Wyjątkowy sernik czekoladowy

Czas przygotowania: 25 minut + czas chłodzenia

Porcje 10

Wartości odżywcze w porcji: 351 kalorii; 35,6 g tłuszczu; 4,8 g węglowodanów ogółem; 4,3 g białka; 1,7 g cukru

Składniki

- Kora:
- 1/3 szklanki mąki kokosowej
- 1/3 szklanki mąki migdałowej
- 2 łyżki mąki korzeniowej
- 2 łyżki kakao w proszku, bez cukru
- 2 łyżki sproszkowanego owocu mnicha
- 1/4 szklanki roztopionego oleju kokosowego
- Pożywny:
- 10 gramów serka śmietankowego, miękkiego
- 8 gramów ciężkiej śmietanki, zmiękczonej
- 1 łyżeczka sproszkowanego owocu mnicha
- 1/2 szklanki kakao w proszku, niesłodzonego
- 3 żółtka, w temperaturze pokojowej
- 1/3 szklanki kwaśnej śmietany
- 4 gramy roztopionego masła
- 1/2 łyżeczki esencji waniliowej

1. Przygotuj garnek błyskawiczny, dodając 1 ½ szklanki wody i metalowy stojak na dnie.

2. Dno blachy do pieczenia wyłóż kawałkiem papieru do pieczenia.

3. Połącz w misce mąkę kokosową, mąkę migdałową, proszek korzeniowy, 2 łyżki proszku kakaowego i 2 łyżki proszku z owoców mnicha; teraz dodaj roztopiony olej kokosowy.

4. Wciśnij mieszaninę skórki na dno przygotowanej formy.

5. Aby przygotować nadzienie, wymieszaj serek śmietankowy, gęstą śmietankę, proszek z owoców mnicha i proszek kakaowy.

6. Teraz dodaj jajka, śmietanę, masło i wanilię; mieszaj dalej, aż wszystko się dobrze połączy,

7. Opuść patelnię na ruszt. Przykryć arkuszem folii aluminiowej, zrobić pętelkę z folii aluminiowej.

8. Zamocuj pokrywę. Wybierz tryb „Ręczny" i Wysokie ciśnienie; gotować przez 18 minut. Po zakończeniu przygotowania użyj naturalnego środka zmniejszającego ciśnienie; ostrożnie zdejmij nasadkę.

9. Włóż ten sernik do lodówki na 3 do 4 godzin. Smacznego!

Sernik oldschoolowy

Czas przygotowania: 35 minut + czas chłodzenia

Porcje 10

Wartości odżywcze w porcji: 188 kalorii; 17,2 g tłuszczu; 4,5 g węglowodanów ogółem; 5,5 g białka; 1,3 g cukru

Składniki

- Kora:
- 1/2 szklanki mąki migdałowej
- 1/2 szklanki mąki kokosowej
- 1 ½ łyżki sproszkowanego erytrytolu
- 1/4 łyżeczki soli koszernej
- 3 łyżki masła, roztopionego
- Pożywny:
- 8 gramów kwaśnej śmietany w temperaturze pokojowej
- 8 gramów serka śmietankowego w temperaturze pokojowej
- 1/2 szklanki proszku erytrytolu
- 3 łyżki soku pomarańczowego
- 1/2 łyżeczki imbiru w proszku
- 1 łyżeczka ekstraktu waniliowego
- 3 jajka w temperaturze pokojowej

1. Okrągłą blachę do pieczenia wyłóż kawałkiem papieru do pieczenia.

2. W misce dobrze wymieszaj wszystkie składniki ciasta w kolejności podanej powyżej.

3. Wciśnij mieszaninę skorupy na dno patelni.

4. Następnie przygotuj nadzienie, mieszając śmietanę i serek śmietankowy, aż uzyskasz gładką i puszystą masę; dodać pozostałe składniki i dalej ubijać, aż składniki się dobrze połączą.

5. Na spód wylać masę serową. Przykryć folią aluminiową, zrobić pętelkę z folii aluminiowej.

6. Umieść 1 ½ szklanki wody i metalową podstawę w garnku błyskawicznym. Następnie postaw patelnię na metalowym stojaku.

7. Zamocuj pokrywę. Wybierz tryb „Ręczny" i Wysokie ciśnienie; gotować 30 minut. Po zakończeniu przygotowania użyj naturalnego środka zmniejszającego ciśnienie; ostrożnie zdejmij nasadkę. Podawaj na zimno i ciesz się smakiem!

Słodko-kwaśny tort historyczny

Czas przygotowania: 25 minut

Porcje 6

Wartości odżywcze w porcji: 173 kalorie; 15,6 g tłuszczu; 2,5 g węglowodanów ogółem; 6,2 g białka; 1,6 g cukru

Składniki

- Kora:

- 3/4 szklanki mąki kokosowej

- 1/4 szklanki oleju kokosowego

- 2 łyżki Obrócić

- 1/2 łyżeczki czystego ekstraktu z cytryny

- 1/2 łyżeczki czystego ekstraktu kokosowego

- 1/2 łyżeczki czystego ekstraktu waniliowego

- 1/2 łyżeczki proszku do pieczenia

- Szczypta startej gałki muszkatołowej

- Szczypta soli

- Pożywny:

- 4 jajka

- 1/2 szklanki Swinga

- 3 łyżki świeżo wyciśniętego soku z cytryny

- 3 łyżki wiórków kokosowych

- 1/4 łyżeczki cynamonu w proszku

1. Zacznij od dodania 1 ½ szklanki wody i metalowego stojaka do Instant Pot. Teraz spryskaj blachę do pieczenia nieprzywierającym sprayem (o smaku masła).

2. Następnie dobrze wymieszaj wszystkie składniki ciasta w robocie kuchennym. Teraz równomiernie rozprowadź mieszaninę na dnie przygotowanej formy. Nie zapomnij zrobić kilku dziurek widelcem.

3. Opuść patelnię na ruszt.

4. Zamocuj pokrywę. Wybierz tryb „Ręczny" i Wysokie ciśnienie; gotować przez 8 minut. Po zakończeniu gotowania użyj szybkiego zwolnienia ciśnienia; ostrożnie zdejmij nasadkę.

5. W międzyczasie dokładnie wymieszaj wszystkie składniki nadzienia w robocie kuchennym. Rozprowadź równomiernie masę na ciepłym cieście.

6. Powrót do natychmiastowej puli.

7. Zamocuj pokrywę. Wybierz tryb „Ręczny" i Wysokie ciśnienie; gotować 15 minut. Po zakończeniu gotowania użyj szybkiego zwolnienia ciśnienia; ostrożnie zdejmij nasadkę.

8. Pokrój w kwadraty i podawaj w temperaturze pokojowej lub na zimno. Smacznego!

Niedzielne leniwe ciasto

Czas przygotowania: 30 minut

Porcje 6

Wartości odżywcze w porcji: 121 kalorii; 7,3 g tłuszczu; 5,9 g węglowodanów ogółem; 6,5 g białka; 2,3 g cukru

Składniki

- 1/2 szklanki masła orzechowego
- 1 funt startej cukinii
- 1/4 szklanki Swinga
- 2 jajka, ubite
- 1/2 łyżeczki mielonego anyżu gwiazdkowatego
- 1 łyżeczka mielonego cynamonu
- 1/4 łyżeczki startej gałki muszkatołowej
- 1/2 łyżeczki ekstraktu rumowego
- 1/2 łyżeczki wanilii
- 1/2 łyżeczki proszku do pieczenia

1. Zacznij od dodania 1 ½ szklanki wody i metalowej podstawy do Instant Pot. Teraz spryskaj blachę do pieczenia nieprzywierającym sprayem.

2. W misce dobrze wymieszaj wszystkie składniki, aż będą gładkie, kremowe i gładkie. Ciasto wlać do przygotowanej formy.

3. Opuść patelnię na podstawę.

4. Zamocuj pokrywę. Wybierz tryb „Fasola/Chili" i Wysokie ciśnienie; gotować 25 minut. Po zakończeniu przygotowania użyj naturalnego środka zmniejszającego ciśnienie; ostrożnie zdejmij nasadkę.

5. Przed pokrojeniem i podaniem poczekaj, aż ciasto całkowicie ostygnie. Ciesz się posiłkiem!

Keto Czekoladowe Brownie

Czas przygotowania: 30 minut

Porcje 6

Wartości odżywcze w porcji: 384 kalorie; 36,6 g tłuszczu; 5,2 g węglowodanów ogółem; 7,7 g białka; 1,3 g cukru

Składniki

- 4 gramy czekolady, bez cukru
- 1/2 szklanki oleju kokosowego
- 2 kubki obrotowe
- 4 jajka, ubite
- 1 łyżeczka pasty waniliowej
- 1/4 łyżeczki soli morskiej
- 1/4 łyżeczki startej gałki muszkatołowej
- 1/2 łyżeczki suszonych kwiatów lawendy
- 1/4 szklanki mąki migdałowej
- 1/2 szklanki śmietanki do ubijania

1. Zacznij od dodania 1 ½ szklanki wody i metalowej podstawy do Instant Pot. Teraz spryskaj blachę do pieczenia nieprzywierającym sprayem.
2. Dobrze wymieszaj czekoladę, olej kokosowy i Swerve. Stopniowo ubijaj jajka. Dodać pastę waniliową, sól, gałkę muszkatołową, kwiaty lawendy i mąkę migdałową; mieszaj, aż wszystko się dobrze połączy.
3. Zamocuj pokrywę. Wybierz tryb „Fasola/Chili" i Wysokie ciśnienie; gotować 25 minut. Po zakończeniu przygotowania użyj naturalnego środka zmniejszającego ciśnienie; ostrożnie zdejmij nasadkę.
4. Całość posmaruj śmietaną i podawaj na zimno. Smacznego!

Słodka owsianka z niespodzianką

Czas przygotowania: 10 minut

Porcje 2

Wartości odżywcze w porcji: 363 kalorie; 36,4 g tłuszczu; 6,2 g węglowodanów ogółem; 4,9 g białka; 3,8 g cukru

Składniki

- 1/2 szklanki płatków kokosowych
- 1 łyżka nasion słonecznika
- 2 łyżki nasion lnu
- 2 strąki kardamonu, lekko rozgniecione
- 1 łyżeczka mielonego cynamonu
- 1 łyżeczka sproszkowanego ekstraktu stewii
- 1 łyżeczka wody różanej
- 1/2 szklanki wody
- 1 szklanka mleka kokosowego

Wskazania

1. Dodaj wszystkie składniki do Instant Pot.
2. Zamocuj pokrywę. Wybierz tryb „Ręczny" i Wysokie ciśnienie; gotować przez 5 minut. Po zakończeniu gotowania użyj szybkiego zwolnienia ciśnienia; ostrożnie zdejmij nasadkę.
3. Przelej do dwóch misek i podawaj na gorąco. Cieszyć się!

Sernik Tropicana

Czas przygotowania: 30 minut + czas chłodzenia

Porcje 5

Wartości odżywcze w porcji: 268 kalorii; 22,7 g tłuszczu; 6,6 g węglowodanów ogółem; 9,5 g białka; 4,2 g cukru

Składniki

- 9 gramów serka śmietankowego
- 1/3 szklanki Swinga
- 1/2 łyżeczki imbiru w proszku
- 1 łyżeczka startej skórki pomarańczowej
- 1 łyżeczka ekstraktu waniliowego
- 3 jajka
- 4 łyżki śmietanki podwójnej
- 1 łyżka Obrócić
- 1 pępkowa pomarańcza, obrana i pokrojona w plasterki

Wskazania

1. Zacznij od dodania 1 ½ szklanki wody i metalowego stojaka do Instant Pot. Teraz spryskaj blachę do pieczenia nieprzywierającym sprayem.

2. Ubij serek śmietankowy, 1/3 szklanki Swerve, imbir, startą skórkę pomarańczową i wanilię za pomocą miksera elektrycznego.

3. Następnie stopniowo dodawaj jajka i cały czas miksuj, aż wszystko się dobrze połączy. Wciśnij tę mieszaninę do przygotowanej formy i przykryj folią aluminiową.

4. Zamocuj pokrywę. Wybierz tryb „Fasola/Chili" i Wysokie ciśnienie; gotować 25 minut. Po zakończeniu przygotowania użyj naturalnego środka zmniejszającego ciśnienie; ostrożnie zdejmij nasadkę.

5. Wymieszaj śmietanę i 1 łyżkę stołową Swerve; posmaruj tym lukrem ciasto. Pozostawić do ostygnięcia na metalowej kratce.

6. Następnie przełóż ciasto do lodówki. Udekoruj plasterkami pomarańczy i podawaj na zimno. Smacznego!

Klasyczny wakacyjny krem

Czas przygotowania: 20 minut + czas chłodzenia

Porcje 4

Wartości odżywcze w porcji: 201 kalorii; 17,7 g tłuszczu; 6,2 g węglowodanów ogółem; 4,2 g białka; 1,2 g cukru

Składniki

- 5 żółtek
- 1/3 szklanki mleka kokosowego, niesłodzonego
- 1/2 łyżeczki ekstraktu waniliowego
- 1 łyżeczka sproszkowanego owocu mnicha
- 1 łyżka aromatu karmelowego
- 1/2 kostki masła, roztopionego

1. Żółtka wymieszaj z mlekiem kokosowym, ekstraktem waniliowym, sproszkowanym owocem mnicha i aromatem karmelowym.

2. Następnie dodaj masło; mieszaj, aż wszystko się dobrze połączy. Rozdziel mieszaninę pomiędzy cztery słoiki Mason i przykryj je pokrywkami.

3. Dodaj 1 ½ szklanki wody i metalową podstawkę do Instant Pot. Teraz opuść okulary do uchwytu.

4. Zamocuj pokrywę. Wybierz tryb „Ręczny" i niskie ciśnienie; gotować 15 minut. Po zakończeniu przygotowania użyj naturalnego środka zmniejszającego ciśnienie; ostrożnie zdejmij nasadkę. Służyć

5. Włożyć do lodówki do czasu podania. Smacznego!

Ciasteczka espresso z jeżynami

Czas przygotowania: 30 minut

Porcje 8

Wartości odżywcze w porcji: 151 kalorii; 13,6 g tłuszczu; 6,7 g węglowodanów ogółem; 4,1 g białka; 1,1 g cukru

Składniki

- 4 jajka
- 1 ¼ szklanki kremu kokosowego
- 1 łyżeczka płynnego koncentratu Stewii
- 1/3 szklanki kakao w proszku, niesłodzonego
- 1/2 łyżeczki startej gałki muszkatołowej
- 1/2 łyżeczki cynamonu w proszku
- 1 łyżeczka espresso
- 1 łyżeczka czystego ekstraktu migdałowego
- 1 łyżeczka czystego ekstraktu waniliowego
- 1 łyżeczka proszku do pieczenia
- Szczypta soli koszernej
- 1 szklanka jeżyn, świeżych lub mrożonych (odcień

Instrukcja użycia

1. Zacznij od dodania 1 ½ szklanki wody i metalowego stojaka do Instant Pot. Teraz spryskaj blachę do pieczenia nieprzywierającym sprayem.

2. Teraz wymieszaj jajka, śmietankę kokosową, stewię, kakao w proszku, gałkę muszkatołową, cynamon, kawę, czysty ekstrakt waniliowy z migdałów, proszek do pieczenia i sól za pomocą miksera elektrycznego.

3. Jeżyny rozgnieść widelcem. Następnie włóż jeżyny do przygotowanej mieszanki.

4. Ciasto wlać do przygotowanej formy.

5. Zamocuj pokrywę. Wybierz tryb „Fasola/Chili" i Wysokie ciśnienie; gotować 25 minut. Po zakończeniu przygotowania użyj naturalnego środka zmniejszającego ciśnienie; ostrożnie zdejmij nasadkę. Smacznego!

Słodkie wypieki z jagodami

Czas przygotowania: 10 minut

Porcje 4

Wartości odżywcze w porcji: 219 kalorii; 18,2 g tłuszczu; 6,2 g węglowodanów ogółem; 5,6 g białka; 2,9 g cukru

Składniki

- 6 łyżek mąki lnianej złotej
- 6 łyżek mąki kokosowej
- 2 szklanki wody
- 1/4 łyżeczki świeżo startej gałki muszkatołowej
- 1/4 łyżeczki soli himalajskiej
- 3 jajka, ubite
- 1/2 kostki masła, miękkiego
- 4 łyżki śmietanki podwójnej
- 4 łyżki sproszkowanego owocu mnicha
- 1 szklanka jagód

Wskazania

1. Dodaj wszystkie składniki do Instant Pot.
2. Zamocuj pokrywę. Wybierz tryb „Ręczny" i Wysokie ciśnienie; gotować przez 5 minut. Po zakończeniu gotowania użyj szybkiego zwolnienia ciśnienia; ostrożnie zdejmij nasadkę.

3. Podawać udekorowane dodatkowymi jagodami.
    Cieszyć się!

Muffinki waniliowo-jagodowe

Czas przygotowania: 35 minut

Porcje 6

Wartości odżywcze w porcji: 403 kalorie; 42,1 g tłuszczu; 4,1 g węglowodanów ogółem; 4,2 g białka; 2,1 g cukru

Składniki

- Muffiny:
- 1/2 szklanki mąki kokosowej
- 1/2 szklanki mąki migdałowej
- 1/2 łyżeczki sody oczyszczonej
- 1 łyżeczka proszku do pieczenia
- Szczypta soli
- Szczypta startej gałki muszkatołowej
- 1 łyżeczka sproszkowanego imbiru
- 1 kostka masła w temperaturze pokojowej
- 1/2 szklanki Swinga
- 3 jajka, ubite
- 1/2 łyżeczki czystego ekstraktu kokosowego
- 1/2 łyżeczki czystego ekstraktu waniliowego
- 1/2 szklanki podwójnej śmietanki
- Szkliwo:
- 1 kostka masła w temperaturze pokojowej
- 1/2 szklanki Swinga

- 1 łyżeczka czystego ekstraktu waniliowego
- 1/2 łyżeczki ekstraktu kokosowego
- 6 łyżek wiórków kokosowych, startych
- 3 łyżki malin, puree
- 6 mrożonych malin

Wskazania

1. Zacznij od dodania 1 ½ szklanki wody i stojaka do Instant Pot.
2. Składniki na muffinki dobrze wymieszaj w misce. Rozłóż ciasto pomiędzy silikonowe papilotki na muffinki. Przykryć kawałkiem folii aluminiowej.
3. Połóż muffiny na drucianej kratce.
4. Zamocuj pokrywę. Wybierz tryb „Ręczny" i Wysokie ciśnienie; gotować 25 minut. Po zakończeniu przygotowania użyj naturalnego środka zmniejszającego ciśnienie; ostrożnie zdejmij nasadkę.
5. W międzyczasie dobrze wymieszaj składniki lodów. Włóż tę mieszaninę do formy cukierniczej i przykryj muffinki.
6. Udekoruj mrożonymi malinami i ciesz się smakiem!

Mini serniki z jagodami

Czas przygotowania: 25 minut

Porcje 6

Wartości odżywcze w porcji: 232 kalorie; 22,1 g tłuszczu; 4,8 g węglowodanów ogółem; 5,7 g białka; 1,9 g cukru

Składniki

- 1/4 szklanki mąki sezamowej
- 1/4 szklanki mąki z orzechów laskowych
- 1/2 szklanki mąki kokosowej
- 1 ½ łyżeczki proszku do pieczenia
- Szczypta soli koszernej
- Szczypta świeżo startej gałki muszkatołowej
- 1/2 łyżeczki mielonego anyżu gwiazdkowatego
- 1/2 łyżeczki mielonego cynamonu
- 1/2 kostki masła
- 1 szklanka huśtawki
- 2 jajka, ubite
- 1/2 szklanki serka śmietankowego
- 1/3 szklanki świeżych, mieszanych jagód
- 1/2 pasty waniliowej

1. Zacznij od dodania 1 ½ szklanki wody i stojaka do Instant Pot.
2. W misce dobrze wymieszaj wszystkie powyższe składniki. Rozłóż ciasto pomiędzy lekko natłuszczonymi foremkami. Przykryć kawałkiem folii aluminiowej.
3. Połóż ramekiny na ruszcie.
4. Zamocuj pokrywę. Wybierz tryb „Ręczny" i Wysokie ciśnienie; gotować 20 minut. Po zakończeniu przygotowania użyj naturalnego środka zmniejszającego ciśnienie; ostrożnie zdejmij nasadkę.

Specjalny chrupek jagodowy z cynamonem

Czas przygotowania: 15 minut

Porcje 4

Wartości odżywcze w porcji: 255 kalorii; 24,6 g tłuszczu; 5,6 g węglowodanów ogółem; 3,4 g białka; 2,5 g cukru

Składniki

- 1/2 funta jeżyn
- 1 łyżeczka mielonego cynamonu
- 1/4 łyżeczki startej gałki muszkatołowej
- 1/2 łyżeczki mielonego kardamonu
- 1/2 łyżeczki pasty waniliowej
- 1/2 szklanki wody
- 1/4 szklanki Swinga
- 5 łyżek roztopionego oleju kokosowego
- 1/2 szklanki migdałów, grubo posiekanych
- 1/4 szklanki mąki kokosowej
- 1/4 łyżeczki Stewii
- Szczypta soli

1. Umieść jeżyny na dnie pojemnika Instant Pot. Posypać cynamonem, gałką muszkatołową i kardamonem. Dodać wanilię, wodę i podawać.

2. Pozostałe składniki dobrze wymieszaj w misce. Zostaw łyżkę na wierzchu jeżyn.

3. Zamocuj pokrywę. Wybierz tryb „Ręczny" i Wysokie ciśnienie; gotować 10 minut. Po zakończeniu przygotowania użyj naturalnego środka zmniejszającego ciśnienie; ostrożnie zdejmij nasadkę.

4. Podawaj w temperaturze pokojowej i ciesz się smakiem!

Pyszny sernik otrębowy

Czas przygotowania: 40 minut

Porcje 6

Wartości odżywcze w porcji: 373 kalorie; 36,7 g tłuszczu; 5,1 g węglowodanów ogółem; 8 g białka; 2,6 g cukru

Składniki

- 1/2 szklanki mąki migdałowej
- 1/2 szklanki mąki kokosowej
- 4 łyżki roztopionego oleju kokosowego
- 3/4 funta serka śmietankowego w temperaturze pokojowej
- 3/4 szklanki Swinga
- 3 jajka
- Szczypta soli
- Szczypta startej gałki muszkatołowej
- 1/2 łyżeczki mielonego cynamonu
- 1/2 łyżeczki mielonego anyżu gwiazdkowatego
- 1 łyżeczka ekstraktu waniliowego
- 1 łyżeczka czerwonego barwnika spożywczego

Wskazania

1. Zacznij od dodania 1 ½ szklanki wody i metalowego stojaka do Instant Pot.

2. W misce dobrze wymieszaj mąkę migdałową, mąkę kokosową i olej kokosowy. Wciśnij tę mieszaninę do lekko natłuszczonej formy do sernika.

3. W drugiej misce ubić serek śmietankowy razem z Swerve. Dodawaj jajka, jedno po drugim i kontynuuj ubijanie, aż masa dobrze się połączy.

4. Następnie dodaj przyprawy i ekstrakt; mieszaj, aż wszystko się dobrze połączy. Nadzieniem rozsmaruj sernik. Opuść patelnię na ruszt.

5. Zamocuj pokrywę. Wybierz tryb „Fasola/Chili" i Wysokie ciśnienie; gotować 35 minut. Po zakończeniu przygotowania użyj naturalnego środka zmniejszającego ciśnienie; ostrożnie zdejmij nasadkę. Smacznego!

Klasyczne ciasto marchewkowe

Czas przygotowania: 35 minut

Porcje 8

Wartości odżywcze w porcji: 381 kalorii; 35,1 g tłuszczu; 4,4 g węglowodanów ogółem; 10,3 g białka; 1,7 g cukru

Składniki

- Ciasto marchewkowe:
- 2 szklanki startej marchewki
- 1 szklanka mąki migdałowej
- 1/2 szklanki wiórków kokosowych, startych
- 1/4 szklanki posiekanych orzechów laskowych
- 1/4 łyżeczki zmielonych goździków
- 1/4 łyżeczki startej gałki muszkatołowej
- 1/2 łyżeczki mielonego cynamonu
- 1/2 łyżeczki sody oczyszczonej
- 1 łyżeczka proszku do pieczenia
- 4 łyżki Obrócić
- 1 łyżeczka czystego ekstraktu waniliowego
- 4 jajka, ubite
- 1 kostka masła, roztopiona
- Lukier sernikowy:

1 szklanka serka śmietankowego

2 łyżki Obrócić

1/2 łyżeczki czystego ekstraktu waniliowego

1. Zacznij od dodania 1 ½ szklanki wody i metalowego stojaka do Instant Pot. Teraz spryskaj formę do sernika nieprzywierającym sprayem.
2. W misce dobrze wymieszaj suche składniki ciasta. Następnie wymieszaj mokre składniki, aż wszystko się dobrze połączy.
3. Wlać mokrą mieszaninę do suchej mieszanki i wymieszać, aby dobrze się połączyć. Ciasto wlać do formy sernikowej.
4. Przykryj arkuszem folii aluminiowej. Opuść patelnię na ruszt.
5. Zamocuj pokrywę. Wybierz tryb „Fasola/Chili" i Wysokie ciśnienie; gotować 30 minut. Po zakończeniu gotowania użyj szybkiego zwolnienia ciśnienia; ostrożnie zdejmij nasadkę.
6. W międzyczasie wymieszaj składniki lukieru. Posmaruj ciasto marchewkowe i podawaj na zimno. Cieszyć się!

Klasyczne brownie z jeżyną i kozim wirem

Czas przygotowania: 30 minut

Porcje 8

Wartości odżywcze w porcji: 309 kalorii; 27,6 g tłuszczu; 3,4 g węglowodanów ogółem; 10,8 g białka; 1,1 g cukru

Składniki

- Ciasteczka:
- 5 łyżek roztopionego oleju kokosowego
- 1 szklanka huśtawki
- 1/4 szklanki kakao w proszku, niesłodzonego
- 3 łyżeczki wody
- 1/2 łyżeczki ekstraktu waniliowego
- 3 jajka, ubite
- 1/4 szklanki mączki ze złotego lnu
- 3/4 szklanki mąki migdałowej
- 1/2 łyżeczki sody oczyszczonej
- 1/2 łyżeczki proszku do pieczenia
- Szczypta soli
- Szczypta startej gałki muszkatołowej
- 1/4 szklanki kawałków czekolady, niesłodzonej

Wir koziego sera jeżynowego:

- 2 łyżki niesolonego masła, zmiękczonego
- 4 gramy sera koziego, miękkiego
- 2 gramy serka śmietankowego, miękkiego
- 1 szklanka jeżyn, świeżych lub mrożonych (odcień
- 1 łyżka Obrócić
- 1/2 łyżeczki ekstraktu migdałowego
- Szczypta soli

Wskazania

1. Zacznij od dodania 1 ½ szklanki wody i metalowego stojaka do Instant Pot. Teraz spryskaj kwadratową patelnię nieprzywierającym sprayem.

2. Wymieszaj olej kokosowy z Swerve, kakao w proszku, wodą i wanilią, aż dobrze się połączą. Wymieszaj jajka, mąkę, sodę oczyszczoną, proszek do pieczenia, sól i gałkę muszkatołową.

3. Mieszaj, aż masa będzie gładka i kremowa. Dodać czekoladę i jeszcze raz wymieszać. Dodaj ciasto do przygotowanej formy.

4. Zamocuj pokrywę. Wybierz tryb „Ręczny" i Wysokie ciśnienie; gotować 25 minut. Po zakończeniu gotowania użyj szybkiego zwolnienia ciśnienia; ostrożnie zdejmij nasadkę.

5. Wyłóż brownie na talerz. Pozostawić do ostygnięcia do
    temperatury pokojowej.

6. W międzyczasie dodaj kozi ser jeżynowy. Ubij masło i
    ser mikserem elektrycznym; dodaj jeżyny, Swerve,
    ekstrakt migdałowy i sól i kontynuuj ubijanie, aż masa
    będzie jasna i puszysta.

7. Połóż tę mieszaninę na ciastku; następnie zamieszaj
    nożem. Smacznego!

Specjalny tort urodzinowy

Czas przygotowania: 35 minut + czas chłodzenia

Porcje 8

Wartości odżywcze w porcji: 230 kalorii; 18,8 g tłuszczu; 6,1 g węglowodanów ogółem; 8,9 g białka; 1,4 g cukru

Składniki

- Zamieszać:
- 1 szklanka mąki z orzechów laskowych
- 2 łyżki skrobi korzeniowej
- 1/2 szklanki kakao w proszku
- 1 ¼ łyżeczki proszku do pieczenia
- 1/4 łyżeczki soli koszernej
- 1/4 łyżeczki świeżo startej gałki muszkatołowej
- 6 jajek, ubitych
- 8 łyżek roztopionego oleju kokosowego
- 1 łyżeczka czystego ekstraktu waniliowego
- 1/2 łyżeczki czystego ekstraktu z orzechów laskowych
- 2/3 szklanki Swinga
- 1/3 szklanki pełnego mleka
- Ganasz z orzechów laskowych:
- 1/2 szklanki gęstej śmietanki
- 5 gramów gorzkiej czekolady, bez cukru
- 2 łyżki oleju kokosowego

1. Zacznij od dodania 1 ½ szklanki wody i metalowego stojaka do Instant Pot. Teraz lekko posmaruj blachę do pieczenia nieprzywierającym sprayem.

2. W misce dobrze wymieszaj suche składniki na ciasto. W drugiej misce wymieszaj mokre składniki na ciasto.

3. Dodaj mokrą mieszaninę do suchej mieszanki; wymieszać, żeby dobrze wymieszać. Wlać mieszaninę do przygotowanej patelni.

4. Zamocuj pokrywę. Wybierz tryb „Fasola/Chili" i Wysokie ciśnienie; gotować 30 minut. Po zakończeniu przygotowania użyj naturalnego środka zmniejszającego ciśnienie; ostrożnie zdejmij nasadkę.

5. Teraz umieść foremkę na drucianej kratce, aż ostygnie w dotyku. Pozostawić do całkowitego ostygnięcia przed zamrożeniem.

6. W międzyczasie przygotuj ganache. W średnim rondlu zagotuj śmietanę. Wyłącz ogrzewanie, gdy tylko pojawią się bąbelki.

7. Dodać czekoladę i olej kokosowy i wymieszać do połączenia. Posmaruj ciasto i podawaj na zimno.

Wakacyjny budyń jagodowy

Czas przygotowania: 20 minut

Porcje 6

Wartości odżywcze w porcji: 240 kalorii; 20,5 g tłuszczu; 5,4 g węglowodanów ogółem; 4,8 g białka; 3,1 g cukru

Składniki

- 1 szklanka mąki migdałowej
- 3 łyżki mąki słonecznikowej
- 1/2 szklanki Swinga
- 1/2 łyżeczki sody oczyszczonej
- 1 łyżeczka proszku do pieczenia
- 1/4 szklanki kremu kokosowego
- 1/4 szklanki wody
- 1/4 szklanki oleju kokosowego, zmiękczonego
- 2 łyżki ciemnego rumu
- 1/2 łyżeczki wanilii
- 1/2 szklanki jagód

Wskazania

1. Zacznij od dodania 1 ½ szklanki wody i metalowej podstawy do Instant Pot.
2. Wymieszaj wszystkie składniki oprócz jagód, aż wszystko się dobrze połączy. Wlać mieszaninę do lekko natłuszczonej blachy do pieczenia.

3. Dodajemy jagody i delikatnie mieszamy do połączenia. Opuść misę piekarnika na podstawę.

4. Zamocuj pokrywę. Wybierz tryb „Fasola/Chili" i Wysokie ciśnienie; gotować 15 minut. Po zakończeniu przygotowania użyj naturalnego środka zmniejszającego ciśnienie; ostrożnie zdejmij nasadkę.

5. Przed podaniem poczekaj, aż szewc lekko ostygnie. Smacznego!

Biszkopt truskawkowy

Czas przygotowania: 35 MIN

Część: 6

Składniki:

- 2 szklanki mąki migdałowej
- 1 szklanka mąki kokosowej
- ¼ szklanki niesłodzonego kakao w proszku
- 1 łyżeczka sody oczyszczonej
- ½ łyżeczki proszku do pieczenia
- ½ łyżeczki soli
- 1 szklanka niesłodzonego mleka migdałowego
- 3 jajka
- 2 białka jaj
- 3 szklanki gęstej śmietany bez cukru
- 1 łyżeczka ekstraktu ze stewii
- 2 łyżeczki ekstraktu z truskawek

Wskazania:

1. Wyłóż 7-calową patelnię papierem pergaminowym. odłożyć

2. W dużej misce wymieszaj mąkę migdałową, mąkę kokosową, kakao, sodę oczyszczoną, proszek do pieczenia i sól. Dobrze wymieszaj i stopniowo dodawaj mleko. Mając wiosło na miejscu, uderzaj dobrze przy

197

dużej prędkości. Teraz dodawaj jajka, jedno po drugim, nie przerywając ubijania. Na koniec dodaj białka i mieszaj, aż do całkowitego połączenia. Powstałą masę wylej do przygotowanej formy i wyrównaj powierzchnię kuchenną szpatułką. Przykryj luźno odrobiną folii aluminiowej.

3. Włącz Instant Pot i wlej 1 szklankę wody. Włóż podstawę do wkładu ze stali nierdzewnej i ostrożnie umieść na górze formę sprężynową.

4. Zamknąć pokrywę i ustawić uchwyt uwalniający parę w pozycji „Zamknięte". Naciśnij przycisk „Ręczny" i ustaw timer na 20 minut.

5. Kiedy skończysz, przesuń zawór pary do „pozycji odpowietrzenia", aby zwolnić ciśnienie.

6. Otwórz pokrywkę i ostrożnie wyjmij tortownicę. Ułożyć na metalowej kratce i ostudzić do temperatury pokojowej.

7. W międzyczasie w dużej misce umieść śmietankę, stewię i ekstrakt z truskawek. Używając blendera zanurzeniowego, dobrze ubij, aż do całkowitego połączenia.

8. Powstałą mieszaninę wylać na ostudzony spód i wstawić do lodówki na godzinę przed użyciem.

Wartości odżywcze w porcji:

Kalorie 195

Tłuszcz całkowity 16,4 g

Węglowodany netto: 4,2 g

Białka 5,7 g
Błonnik: 3,8 g

Sernik czekoladowy

Czas przygotowania: 45 MIN

Porcja: 10

Składniki:

- 1 szklanka mąki migdałowej
- 1 szklanka mąki kokosowej
- 1 szklanka niesłodzonego kakao w proszku, podzielona na pół
- ¼ filiżanki huśtawki
- ½ szklanki masła
- 2 duże jajka
- 4 szklanki serka śmietankowego
- ¾ szklanki gęstej śmietanki
- 1 łyżeczka ekstraktu waniliowego
- ½ łyżeczki stewii w proszku
- 2 łyżki stołowe olej

Wskazania:

1. W dużej misce wymieszaj mąkę migdałową, mąkę kokosową, niesłodzone kakao w proszku i podawaj. Dobrze wymieszaj i przełóż do robota kuchennego wraz z masłem i jajkami. Dobrze przetwórz i odłóż na bok.

2. Posmaruj 7-calową patelnię olejem i wyłóż papierem pergaminowym. Dodać masę serową i mocno docisnąć rękoma.

3. Podłącz do Instant Pot i wlej 1 ½ szklanki wody. Umieść podstawę na wkładce ze stali nierdzewnej i ostrożnie umieść na niej formę sprężynową. Przykryj folią aluminiową, aby zapobiec kapaniu skroplin.

4. Zamknąć pokrywę i ustawić uchwyt uwalniający parę w pozycji „Zamknięte". Naciśnij przycisk „Ręczny" i ustaw timer na 15 minut.

5. Kiedy usłyszysz sygnał końca kuchenki, zwolnij ciśnienie w sposób naturalny na 10-12 minut. Przesuń zawór ciśnieniowy do pozycji „Gotowość", aby uwolnić pozostałe ciśnienie.

6. Otwórz pokrywkę i ostrożnie wyjmij tortownicę. Ochłodzić do temperatury pokojowej.

7. Do blendera włóż serek śmietankowy, śmietankę, ekstrakt waniliowy i proszek stewii. Dociśnij do połączenia i wylej masę na ostudzony spód.

8. Schłodzić przez noc.

Wartości odżywcze w porcji:

Kalorie 548

Tłuszcz całkowity 52 g

Węglowodany netto: 7,4 g

Białko 12 g

Błonnik: 6,8 g

Kompot malinowy

Czas przygotowania: 45 MIN

Część: 4

Składniki:

- 2 szklanki malin
- 1 filiżanka huśtawki
- 1 łyżeczka świeżo startej skórki z cytryny
- 1 łyżeczka ekstraktu waniliowego

Wskazania:

1. Podłącz garnek Instant Pot i naciśnij przycisk „Sauté". Dodać maliny, porcję, skórkę z cytryny i ekstrakt waniliowy. Dobrze wymieszaj i zalej 1 szklanką wody. Gotuj przez 5 minut, ciągle mieszając.

2. Teraz wlej jeszcze 2 szklanki wody i naciśnij przycisk „Anuluj". Zamknąć pokrywę i ustawić uchwyt uwalniający parę w pozycji „Zamknięte". Naciśnij przycisk „Ręczny" i ustaw timer na 15 minut przy niskim ciśnieniu.

3. Po usłyszeniu sygnału zakończenia pracy pieca należy wcisnąć przycisk „Anuluj" i w sposób naturalny zwolnić ciśnienie na 10-15 minut. Przesuń uchwyt dociskowy

do „pozycji zatrzymania", aby zwolnić pozostały nacisk i otworzyć pokrywę.

4. Jeśli to konieczne, dodaj trochę więcej soku z cytryny i przełóż do misek.

5. Ochłodzić do temperatury pokojowej i przechowywać w lodówce na godzinę przed podaniem.

Wartości odżywcze w porcji:

Kalorie 48

Tłuszcz całkowity 0,5 g

Węglowodany netto: 5 g

Białko 1 g

Błonnik: 5,3 g

Krem czekoladowy

Czas przygotowania: 25 MIN

Część: 4

Składniki:

- 2 gęsta śmietana
- ¼ szklanki niesłodzonej ciemnej czekolady, posiekanej
- 3 jajka
- 1 łyżeczka skórki pomarańczowej
- 1 łyżeczka stewii w proszku
- 1 łyżeczka ekstraktu waniliowego
- ½ łyżeczki soli

Wskazania:

1. Podłącz garnek Instant Pot i naciśnij przycisk „Sauté". Dodać śmietankę, posiekaną czekoladę, stewię w proszku, ekstrakt waniliowy, skórkę pomarańczową i sól. Dobrze wymieszaj i gotuj na wolnym ogniu, aż czekolada całkowicie się rozpuści. Naciśnij przycisk „Anuluj" i dodawaj jajka, jedno po drugim, ciągle mieszając. Wyjmij z garnka Instant.

2. Przenieś mieszaninę do 4 słoików z luźnymi pokrywkami.

3. Wlej 2 szklanki wody do garnka Instant Pot i umieść jego podstawę na wkładce ze stali nierdzewnej. Dodaj szklankę i zamknij pokrywkę.

4. Umieść uchwyt na wyzwalaczu pary i naciśnij przycisk „Ręczny". Ustaw timer na 10 minut.

5. Kiedy skończysz, wykonaj szybkie zwolnienie, przesuwając zawór pary do „Pozycji wentylacyjnej".

6. Otwórz pokrywkę i wyjmij słoiki. Ochłodzić do temperatury pokojowej, a następnie przenieść do lodówki.

7. Przed podaniem posmaruj odrobiną kremu.

Wartości odżywcze w porcji:

Kalorie 267

Tłuszcz całkowity 26,2 g

Węglowodany netto: 2,4 g

Białko 5,6 g

Błonnik: 0,2 g

Naleśniki maślane

Czas przygotowania: 15 MIN

Część: 6

Składniki:

- 2 szklanki serka śmietankowego
- 2 szklanki mąki migdałowej
- 6 dużych jaj
- ¼ łyżeczki soli
- 2 łyżki stołowe masło
- ¼ łyżeczki mielonego imbiru
- ½ łyżeczki cynamonu w proszku

Wskazania:

1. W dużej misce wymieszaj serek śmietankowy, jajko i łyżkę masła. Z przyłączoną końcówką do wiosła ubijaj dobrze przy dużej prędkości, aż masa stanie się jasna i kremowa. Powoli dodawaj mąkę, ciągle mieszając. Na koniec dodać sól, imbir i cynamon. Kontynuuj ubijanie, aż do całkowitego włączenia.

2. Podłącz garnek Instant Pot i naciśnij przycisk „Sauté". Posmaruj wkładkę ze stali nierdzewnej pozostałym masłem i podgrzej.

3. Wlać około ½ szklanki ciasta i smażyć przez 2-3 minuty lub do złotego koloru. Powtórzyć proces z resztą ciasta.

4. Podawać na gorąco.

Wartości odżywcze w porcji:

Kalorie 432

Tłuszcz całkowity 40,2 g

Węglowodany netto: 3,5 g

Białka 14,2 g

Błonnik: 1 g

Babeczki Cytrynowe Jagodowe

Czas przygotowania: 35 MIN

Część: 6

Składniki:

- 2 szklanki mąki migdałowej
- 2/3 łyżeczki proszku do pieczenia
- ¼ łyżeczki sody oczyszczonej
- ½ łyżeczki gumy ksantanowej
- 1 filiżanka huśtawki
- 3 jajka
- 1 szklanka mleka migdałowego, niesłodzonego
- ¼ szklanki jagód
- 1 łyżka stołowa masło, zmiękczone
- 1 łyżka stołowa olej kokosowy
- 1 łyżka stołowa świeżo starta skórka z cytryny
- 1 łyżeczka ekstraktu waniliowego

Wskazania:

1. Wszystkie suche składniki wymieszaj w dużej misce.
   Dobrze wymieszaj i stopniowo dodawaj mleko. Dobrze
   ubijaj na średniej prędkości i dodawaj jajka, jedno po
   drugim. Dodać masło, olej kokosowy, skórkę z cytryny i
   ekstrakt waniliowy. Mieszaj aż do całkowitego

włączenia. Złożyć jagody i przenieść do silikonowej formy na 12 filiżanek.

2. Podłącz do Instant Pot i zalej 1 szklanką wody. Umieść podstawę na wkładce ze stali nierdzewnej i umieść na niej silikonową miskę. Przykryj luźno folią aluminiową i zamknij pokrywkę.

3. Ustaw uchwyt uwalniania pary w pozycji „Zamknięte" i naciśnij przycisk „Ręczny". Ustaw timer na 25 minut.

4. Po zakończeniu szybko zwolnij nacisk i otwórz pokrywę. Ostrożnie wyjmij formę z muffinami z pojemnika Instant Pot i całkowicie ostudź przed podaniem.

Wartości odżywcze w porcji:

Kalorie 223

Tłuszcz całkowity 20,4 g

Węglowodany netto: 3,8 g

Białka 5,9 g

Błonnik: 2,9 g

Ciasteczka czekoladowe

Czas przygotowania: 30 MIN

Część: 8

Składniki:

- ½ szklanki kakao w proszku, niesłodzonego
- ¼ szklanki niesłodzonych kawałków ciemnej czekolady
- 1 szklanka serka śmietankowego
- 2 duże jajka
- 3 łyżki olej kokosowy
- ½ łyżeczki soli
- Huśtawka ¾ filiżanki

Wskazania:

1. W dużej misce połącz serek śmietankowy, jajka i olej kokosowy. Z zamocowaną końcówką do wiosła, dobrze ubijaj na średniej prędkości, aż masa będzie gładka. Dodać kakao, sól, bulion i kawałki gorzkiej czekolady. Kontynuuj ubijanie przez 2 minuty lub do całkowitego połączenia.

2. Lekko naoliwij patelnię o średnicy 7 cali i wyłóż ją papierem pergaminowym. Posyp papier odrobiną kakao i wylej na niego ciasto. Wyrównaj powierzchnię kuchenną szpatułką i luźno przykryj folią aluminiową.

3. Podłącz do Instant Pot i zalej 1 szklanką wody. Umieść ruszt do gotowania na parze na dnie stalowej wkładki i umieść formę na górze.

4. Zamknij pokrywę i ustaw wylot pary w pozycji „Zamknięte". Wybierz tryb „Ręczny" i ustaw timer na 20 minut.

5. Po usłyszeniu sygnału końca kuchenki należy w sposób naturalny zwolnić ciśnienie na 15 minut. Otwórz pokrywkę i ostrożnie wyjmij patelnię.

6. Całkowicie ostudzić i pokroić na 8 ciasteczek.

Wartości odżywcze w porcji:

Kalorie 180

Tłuszcz całkowity 17,5 g

Węglowodany netto: 2,4 g

Białka 4,8 g

Błonnik: 1,7 g

Ciasto brzoskwiniowe

Czas przygotowania: 40 MIN

Część: 6

Składniki:

- 2 szklanki mąki migdałowej
- 1 średnia brzoskwinia, pokrojona w plasterki
- ¼ szklanki malin
- 4 duże jajka
- 6 łyżek masło
- 2 łyżeczki proszku do pieczenia
- ½ łyżeczki soli
- ¼ filiżanki huśtawki
- ¼ łyżeczki ekstraktu waniliowego
- 2 łyżeczki skórki cytrynowej

Wskazania:

1. Posmaruj 7-calową patelnię olejem i wyłóż papierem pergaminowym. odłożyć
2. W średniej misce ubij jajka i podawaj. odłożyć
3. W drugiej misce połącz wszystkie pozostałe suche składniki i dobrze wymieszaj. Powoli wlewaj masę jajeczną, cały czas ubijając, i dodaj resztę składników. Przełożyć do miski i ubijać przez 2 minuty na średnich obrotach.

4. Powstałą masę przelej do przygotowanej formy i potrząśnij kilka razy, aby wyrównać powierzchnię. Owinąć odrobiną folii aluminiowej.

5. Podłącz do Instant Pot i zalej 1 szklanką wody. Połóż spód na dnie wkładu ze stali nierdzewnej i umieść na nim owiniętą patelnię. Zamknąć pokrywę i ustawić uchwyt uwalniający parę w pozycji „Zamknięte".

6. Wybierz tryb „Ręczny" i ustaw timer na 25 minut.

7. Kiedy skończysz, wykonaj szybkie zwolnienie, przesuwając zawór ciśnieniowy do „pozycji zatrzymania".

8. Otwórz pokrywkę i wyjmij patelnię. Całkowicie ostudzić przed podaniem.

Wartości odżywcze w porcji:

Kalorie 221

Tłuszcz całkowity 19,4 g

Węglowodany netto: 4,4 g

Białka 6,6 g

Błonnik: 1,8 g

Ciasteczka Z Masłem Migdałowym

Czas przygotowania: 40 MIN

Porcja: 15

Składniki:

- 1 ½ szklanki mąki migdałowej
- ½ szklanki mąki kokosowej
- 3 jajka
- ¾ szklanki roztopionego oleju kokosowego
- 3 łyżki masło migdałowe
- ¼ szklanki kakao w proszku, niesłodzonego
- ½ filiżanki huśtawki
- ½ łyżeczki soli

Wskazania:

1. Podłącz do Instant Pot i zalej 1 szklanką wody. Połóż podstawę na dnie wkładu ze stali nierdzewnej i odłóż na bok.
2. Okrągłą blachę do pieczenia wyłóż papierem do pieczenia i odłóż na bok.
3. W dużej misce wymieszaj mąkę migdałową, mąkę kokosową, masło kakaowe, wanilię i sól. Dodać jajka, olej kokosowy i masło migdałowe. Mając włączone wiosło, dobrze ubijaj przy dużej prędkości, aż do całkowitego włączenia.

4. Wyjmij 15 ciasteczek i połóż je na przygotowanej blasze do pieczenia. Prawdopodobnie będziesz musiał to zrobić kilka razy. Delikatnie spłaszcz każde ciasteczko dłonią i umieść patelnię w garnku błyskawicznym. Przykryć folią aluminiową.

5. Zamknij pokrywę i włóż uchwyt uwalniający parę. Naciśnij przycisk „Ręczny" i ustaw timer na 25 minut.

6. Kiedy skończysz, zwolnij nacisk w sposób naturalny na 15 minut. Przesuń uchwyt dociskowy do „pozycji zatrzymania", aby zwolnić pozostały nacisk.

7. Otwórz pokrywkę i wyjmij patelnię. Ochłodzić do temperatury pokojowej, następnie przenieść ciasta na metalową kratkę, aby całkowicie ostygły.

Wartości odżywcze w porcji:

Kalorie 154

Tłuszcz całkowity 15,3 g

Węglowodany netto: 1,5 g

Białko 2,9 g

Błonnik: 1,9 g

Mini ciasteczka brownie

Czas przygotowania: 25 MIN

Część: 4

Składniki:

- 1 szklanka mąki migdałowej
- ½ szklanki kakao w proszku, niesłodzonego
- ¼ filiżanki huśtawki
- 4 jajka
- ¼ szklanki niesłodzonej ciemnej czekolady, posiekanej
- 1 łyżeczka ekstraktu rumowego
- ½ szklanki oleju kokosowego

Wskazania:

1. Podłącz do Instant Pot i zalej 1 szklanką wody. Połóż podstawę na dnie wkładu ze stali nierdzewnej i odłóż na bok.
2. W dużej misce połącz jajka, porcję, kawałki gorzkiej czekolady, ekstrakt rumowy i olej kokosowy. Dobrze wymieszaj, aż uzyskasz lekką i kremową mieszankę. Przesiej mąkę migdałową i kakao w proszku do masy jajecznej i ponownie dobrze wymieszaj.
3. Podzielić mieszaninę pomiędzy 4 kokilki i szczelnie owinąć folią aluminiową. Umieść każdy kokilek na podstawie i zamknij pokrywkę.

216

4. Ustaw uchwyt uwalniający parę w pozycji „Zamknięte".
    Naciśnij przycisk „Ręczny" i ustaw timer na 15 minut.

5. Kiedy skończysz, zwolnij nacisk w sposób naturalny na
    kolejne 15 minut.

6. Otwórz pokrywkę i ostrożnie wyjmij kokilki za pomocą
    rękawic kuchennych. Ułożyć na metalowej kratce i
    całkowicie ostudzić przed podaniem.

Wartości odżywcze w porcji:

Kalorie 404

Tłuszcz całkowity 39,1 g

Węglowodany netto: 4,8 g

Białka 9,7 g

Błonnik: 4,7 g